ng satisfied with answers you

Female Artists
from the Olbricht Collection

QUEEN SIZE

Umschlag/Cover

Installationsansicht/
Installation view

Queensize – Female
Artists from the Olbricht
Collection im/at
me Collectors Room, 2014
Photo Bernd Borchardt

Patricia Piccinini

Balasana, 2009
Silikon, Fiberglas,
menschliches Haar,
Kleidung, Rothals-
wallaby, Teppich/
Silicone, fiberglass,
human hair, clothing,
red-necked wallaby, rug
53 × 76,5 × 122 cm
Courtesy of the artist,
Tolarno and Roslyn
Oxley9 Galleries

Vorwort

Als ich in den 80er-Jahren mit dem Sammeln bildender Kunst anfing, waren – um es provokant auszudrücken – Künstlerinnen in meinem damaligen Sammlungsgebiet *Deutsche Kunst nach 1945* Mangelware. Jedenfalls waren in vielen deutschen Galerien, die ich besuchte, ihre Werke nicht zu finden. Dies änderte sich schlagartig, nachdem ich in den 1990er-Jahren begann, meine Sammlung zu internationalisieren und neben dem Tafelbild mit anderen Medien wie Fotografie und Video mein Sammlungsspektrum zu erweitern. Dabei waren es nicht die Künstlerinnen, sondern ganz offensichtlich ihre Werke, die mein Interesse weckten. Zur Jahrtausendwende waren so – ohne dass es mir bis dahin bewusst war – viele Werke von Künstlerinnen in die Olbricht Collection gekommen. Inzwischen hat sich diese Situation stark geändert, und auch in Deutschland finde ich viele Werke von Künstlerinnen, die mich interessieren.

Nach der Ausstellung *Et særligt syn* im Museum Gl Holtegaard bei Kopenhagen 2004, die erstmals nur die Künstlerinnen aus meiner Sammlung präsentierte, wurde es nun Zeit, den Künstlerinnen meine Aufwartung in Berlin zu machen.

Die Kuratoren Wolfgang Schoppmann, der mein Sammeln seit 25 Jahren mit Rat begleitet, und Nicola Graef, die ich nun bereits seit zehn Jahren kenne und deren Arbeit ich sehr schätze, präsentieren die Künstlerinnen der Olbricht Collection im me Collectors Room. 150 weibliche Positionen sowohl etablierter als auch junger, bisher wenig bekannter Künstlerinnen finden sich in der Sammlung. Etwa ein Drittel versammelt die Ausstellung und ergänzt parallel die *Wunderkammer Olbricht* mit zeitgenössischen Werken.

Ausgangspunkt der Ausstellung ist der titelgebende Begriff *Queensize* – die Bezeichnung für eines der größten Bettenformate –, der als Chiffre für den existenziellen Ort menschlicher Erfahrung dient, als Sinnbild für Leben und Tod, Träume und Albträume, Geburt und Verfall. *Queensize* ergründet die unterschiedlichen Bewusstseinszustände des Lebens und folgt dabei dem menschlichen

Lebenszyklus von Geburt, Leben und Tod, der sich ebenso in der begleitenden Publikation widerspiegelt. Neben einer Einführung in das Ausstellungskonzept von Nicola Graef finden Sie ein umfangreiches Interview mit der amerikanischen Autorin Siri Hustvedt über die Rolle der Frau in der „(Kunst)Welt" und spannende Antworten auf Fragen, die wir den Künstlerinnen gestellt haben.

Mein großer Dank geht an Nicola Graef, die sich nicht nur kuratorisch, sondern auch in ihren Dokumentarfilmen mit der Rolle von Frauen in unserer Gesellschaft intensiv auseinandersetzt, und Wolfgang Schoppmann für den spannenden Blick auf die Olbricht Collection, Hermann Hülsenberg und Niklas Sagebiel für die Gestaltung der vorliegenden Publikation, Vanessa Adler (argobooks) für die konstruktive Zusammenarbeit und dem Team der Stiftung Olbricht für die Umsetzung des Projekts. Einschließen möchte ich in meinen Dank unbedingt die zahlreichen Künstlerinnen, die mir mit ihren Werken meinen Blick auf die Kunst bereichert und mir so viel Energie und Neugierde zum Weitersammeln gegeben haben.

Thomas Olbricht

Preface

When I started collecting art in the 1980s, I initially focussed on *German art post-1945,* a field in which female artists were, not to put too fine a point on it, something of a scarce commodity. Their works were at least not to be found in many of the German galleries I visited then. This situation changed abruptly in the 1990s, once I began to make my collection more international, broadening my collecting activities to include, besides paintings, other media such as photography and video. In all of this, I wasn't interested so much in the women artists themselves, but their works, which is why, by the turn of the millennium, the Olbricht Collection ended up containing a noticeably large proportion of works by female artists, even though this hadn't been a conscious decision on my part. The situation has changed greatly since then, and I now come across a great number of works by women artists that interest me, also in Germany.

After a show called *Et særligt syn* at the Museum Gl Holtegaard, near Copenhagen, in 2004, it was time to turn my attention more fully to the female artists featured in my collection.

The curators Wolfgang Schoppmann, who has followed my collecting activities for 25 years, and Nicola Graef, who I've known for 10 years and whose work I greatly admire, now present their selection of works by female artists in the Olbricht Collection at me Collectors Room. Some 150 female artists, both established and emerging, lesser-known voices, are featured in the collection. In today's show, the curators have whittled down the selection to around a third of those. The current display of contemporary works complements the *Wunderkammer Olbricht,* the historical cabinet of curiosities on permanent view.

The thematic springboard for the exhibition is the name given to one of the largest bed formats, 'queen size' – a term that serves as a symbol for the key existential site of human experience, encompassing life and death, dreams and nightmares, birth and decay. *Queen-size* explores the different states of consciousness in life and traces the human life cycle through birth, life, and death, as is explored in greater detail in the following pages of this publication. In addition to an introduction to the exhibition concept by Nicola Graef, you will also find an extensive interview with the American writer Siri Hustvedt over the role of women in the '(art) world', as well as some interesting, direct answers to questions that we presented to the artists themselves.

My big thanks goes to Nicola Graef, who not only investigates the role of women in our society as the curator of today's exhibition but also in her documentaries. As ever, I am also extremely grateful to Wolfgang Schoppmann for his exciting perspective on the Olbricht Collection, as well as Hermann Hülsenberg and Niklas Sagebiel for the book design, Vanessa Adler (of argobooks) for all her constructive work, and, of course, the team at the Olbricht Foundation for getting the project off the ground. I also wish to thank the numerous artists who have enriched my views on art through their works, propelling me with their energy and curiosity to continue collecting.

Thomas Olbricht

Installationsansicht/
Installation view

Queensize - Female Artists
from the Olbricht Collection
im/at me Collectors Room
2015
Photo Bernd Borchardt

Kiki Smith

Bloodline, 1994
100 Teile geblasenes Glas/
100 units of blown glass
Jedes/Each ca. Ø 20,3 cm
© Kiki Smith, Courtesy
Pace Gallery

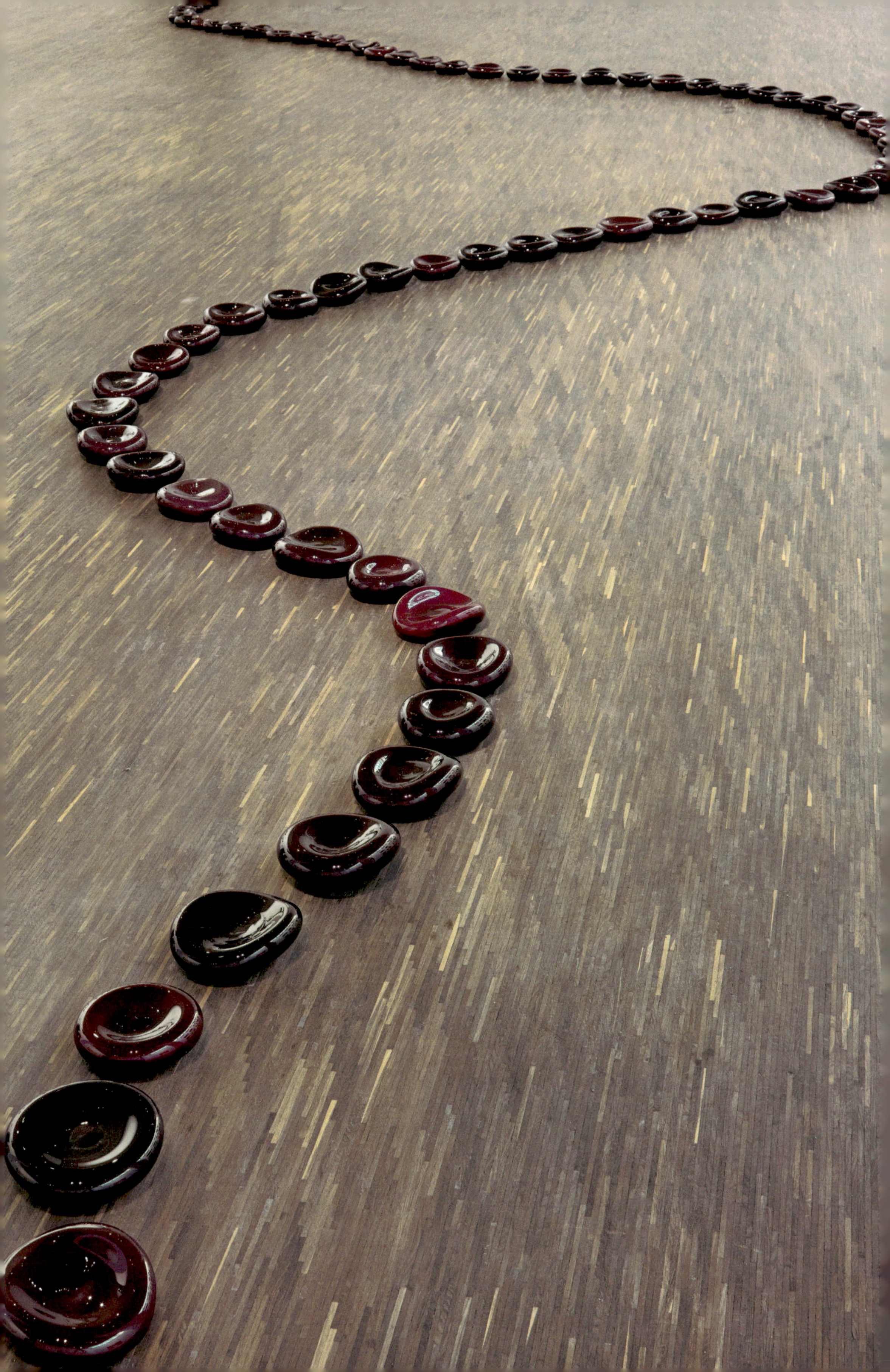

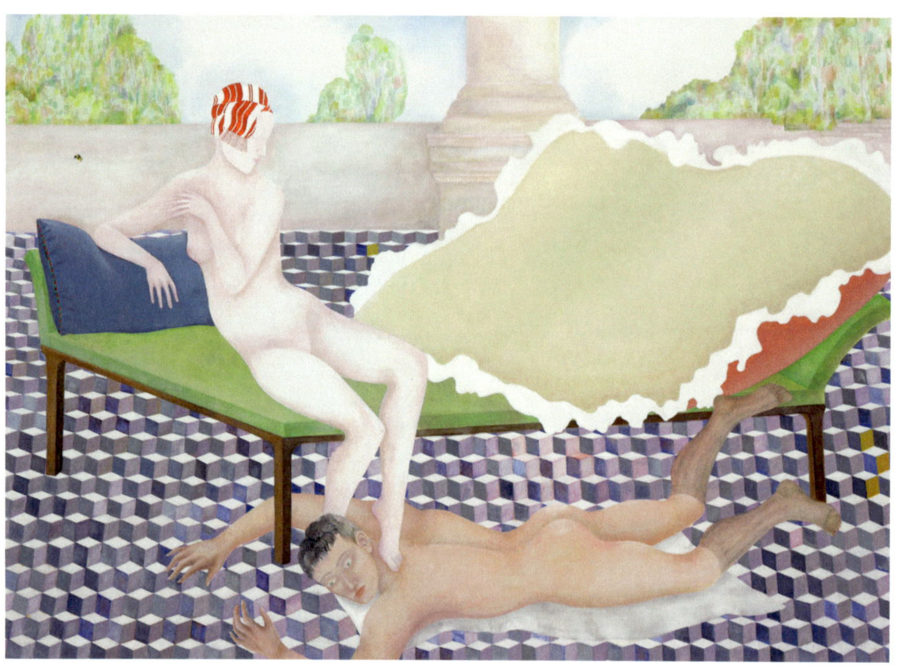

Katharina Wulff

Die Verbindung, 2008
Öl auf Leinwand/
Oil on canvas
122 × 175 cm
Courtesy the artist and
Galerie Neu, Berlin

Laurie Hogin

Allegories of real estate:
The hottest neighbor-
hoods in the nation
(Williamsburg), 2001
Öl auf Paneel, von der
Künstlerin hergestellter
Rahmen/ Oil on panel,
frame made by the artist
61 × 50,8 cm
Courtesy Littlejohn
Contemporary, New York

Rebecca Stevenson

Cold Rose Blue, 2001
Wachs, Pigment/
Wax, pigment
45 × 45 cm
Courtesy
Rebecca Stevenson
© VG Bild-Kunst,
Bonn 2015

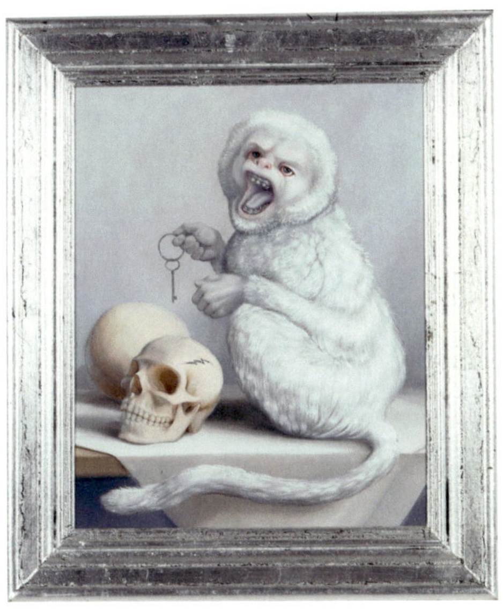

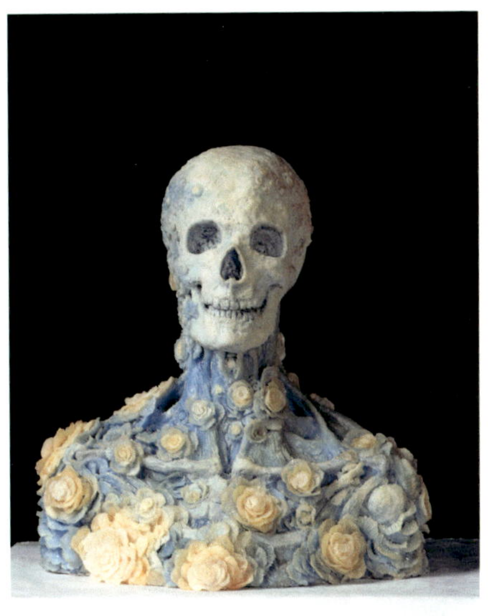

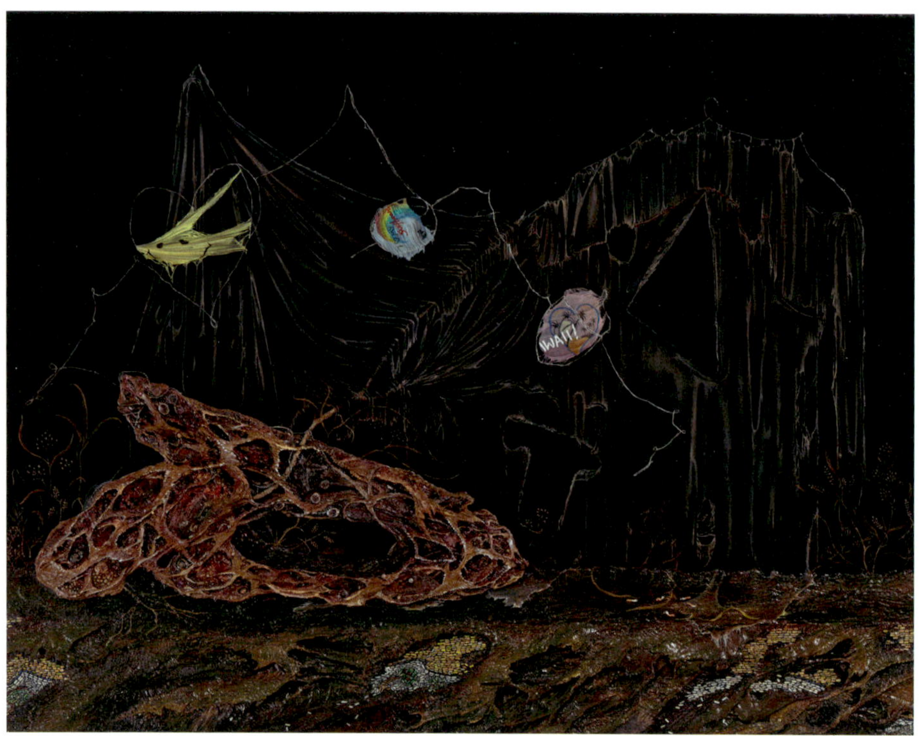

Anj Smith

Eternity's Sunrise, 2011
Öl auf Leinwand/
Oil on canvas
32,5 × 42,5 × 4,5 cm
Courtesy the artist
and Hauser & Wirth

Ulla von Brandenburg

Tanz Makaber, 2006
Film Super 8 mm,
S/W, ohne Ton/
B/W, no sound
55 sec, Loop
Courtesy the artist
and Produzentengalerie
Hamburg

Carolein Smit

Wendekopf 2, 2011
Keramik/Ceramics
31 cm
Courtesy Flatland
Gallery, Amsterdam

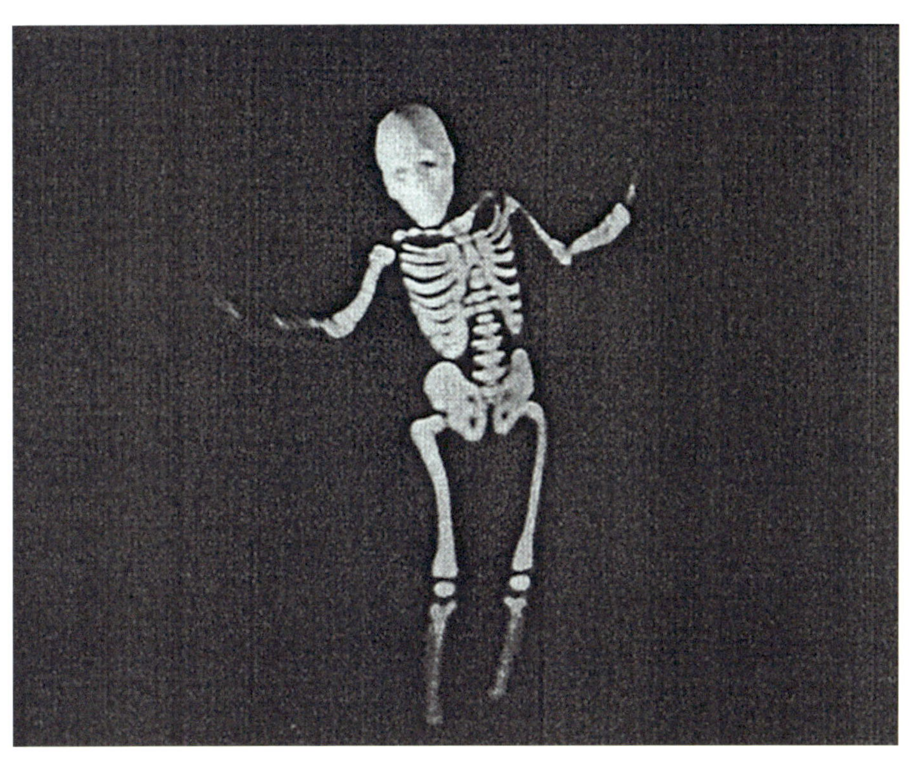

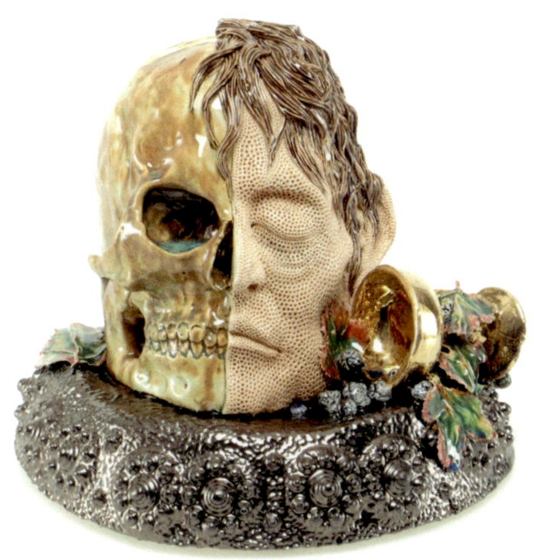

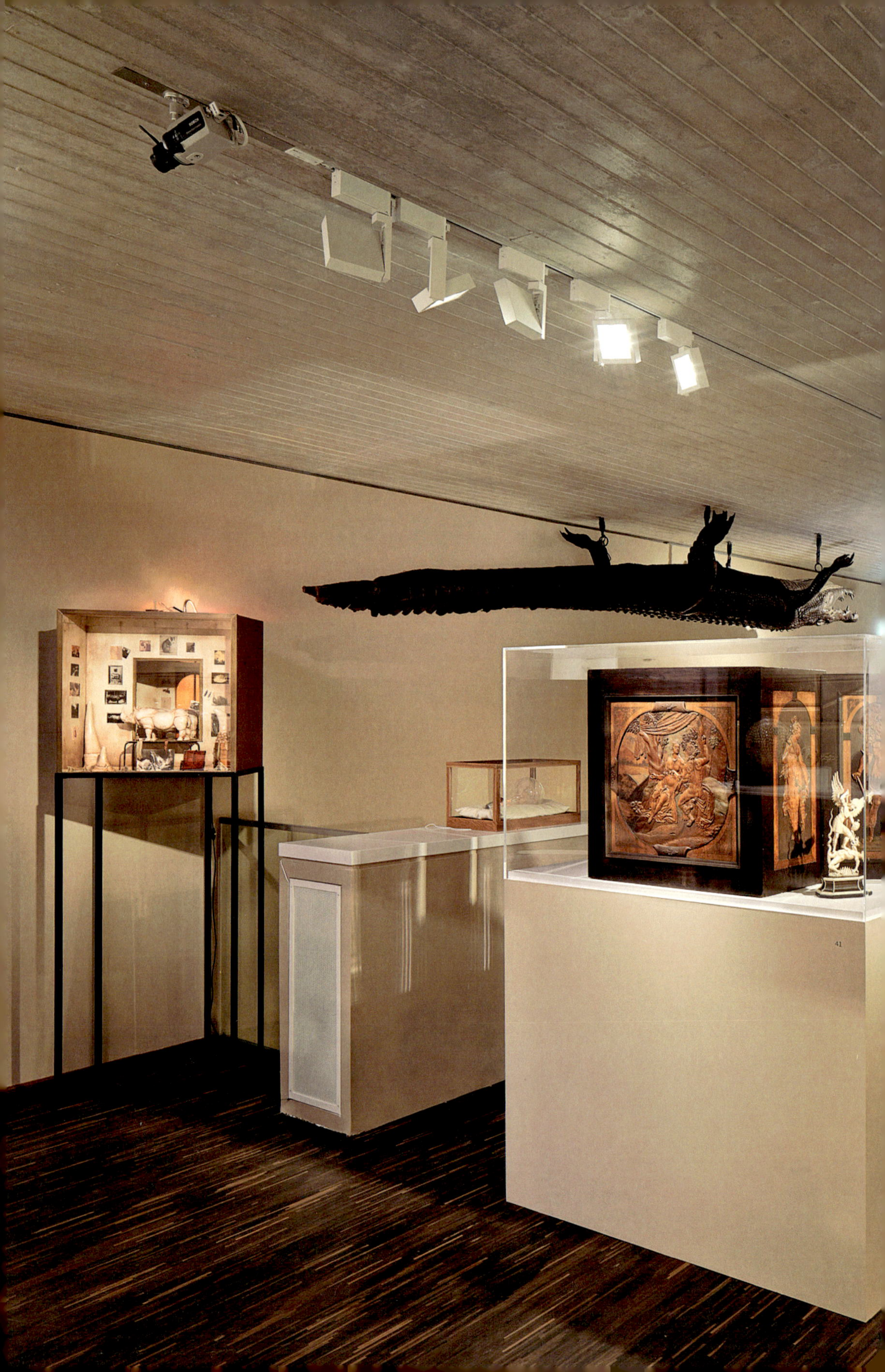

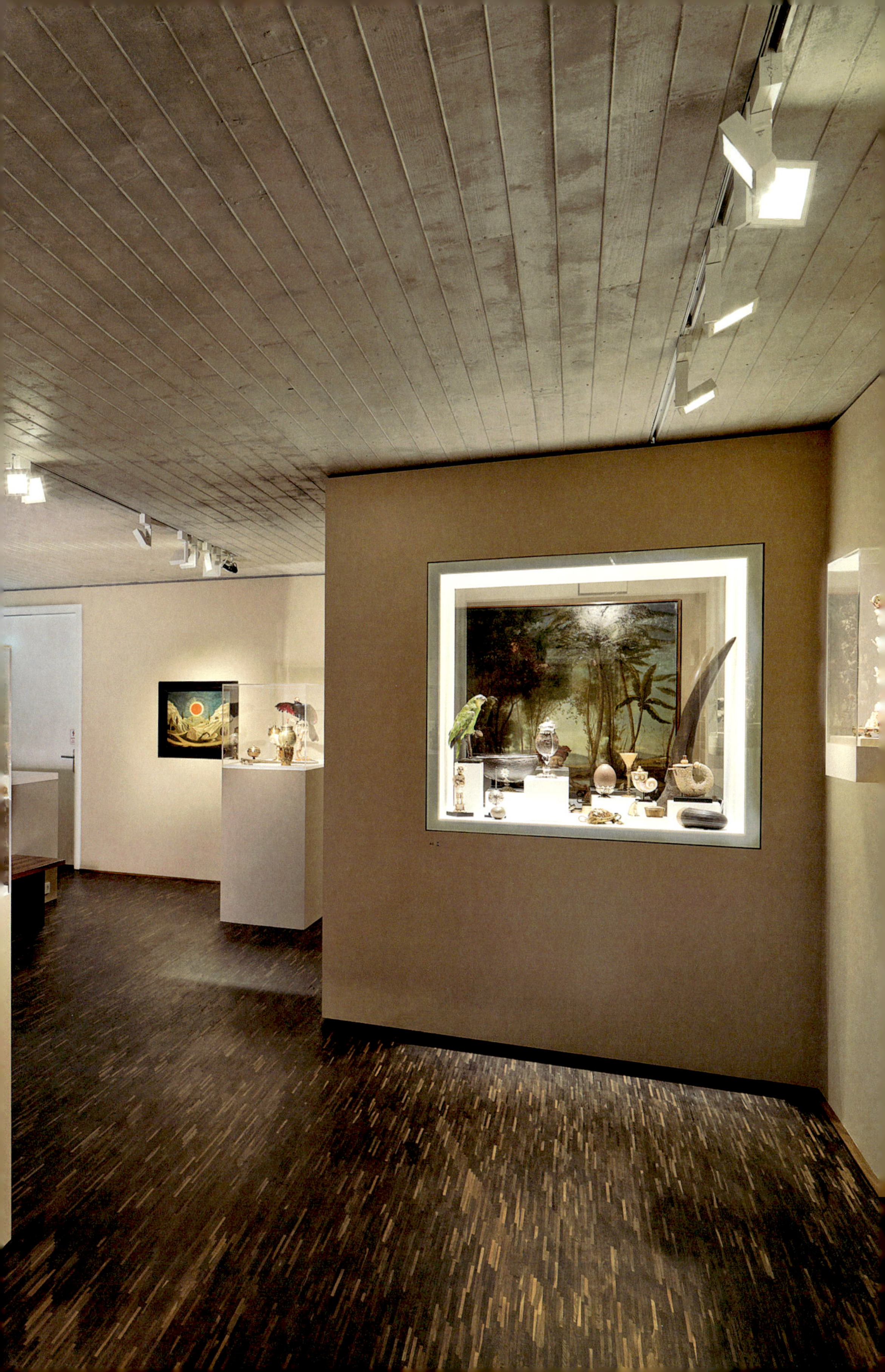

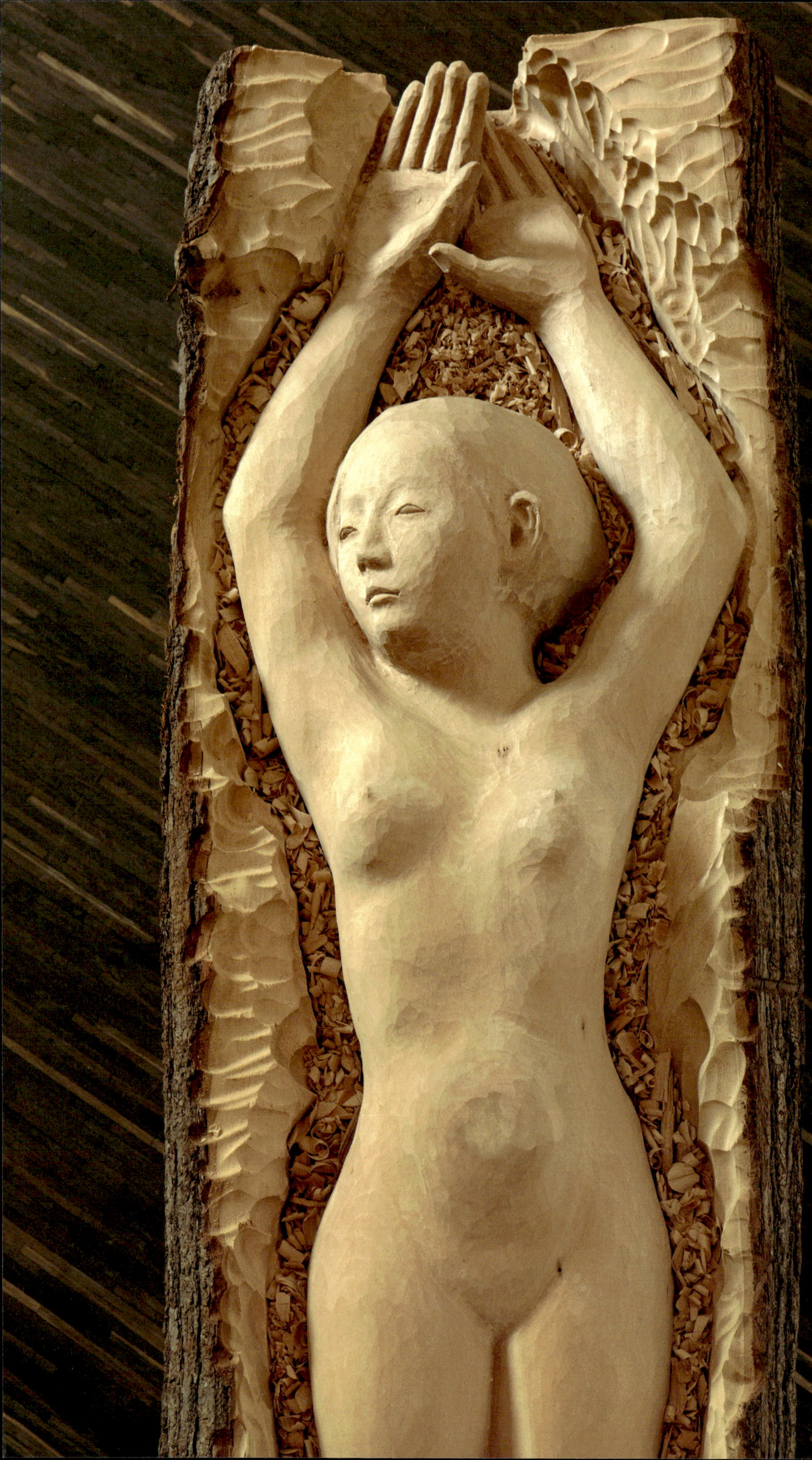

Vom Anfang und vom Ende
Nicola Graef

Am Anfang war nicht das Wort, am Anfang war das Sehen. Ein Klein-
kind sieht – und erst wenn es genug gesehen hat, fängt es an zu sprechen. Es sammelt also Sehen, wie wir in jeder Ausstellung. *Queensize*
empfängt uns mit einem schlafenden Mädchen. *Balasana* (2009) von
Patricia Piccinini zeigt uns ein friedlich träumendes kleines Kind.
Begleitet von einem australischen Wallaby auf dem Rücken. Zum
Schutz, als freundlicher Begleiter? Wir können nur vermuten, was
diese zärtlich-schräge Gemeinschaft bedeuten mag. Die Arbeit der
australischen Künstlerin steht sinnbildlich für das Entrée in die Ausstellung *Queensize*, den Eintritt in das Wagnis Leben.

Queensize möchte mit den ausgestellten Arbeiten die drei
wesentlichen Lebenszyklen erfahrbar machen und interpretiert sie
in diesem Zusammenhang: Geburt, Leben, Sterben. Existenzielle
Erfahrungen, die wir in der westlichen Welt meist – so der Titel – im
Bett erleben. Die Entscheidung, sich thematisch so zu fokussieren,
ist naheliegend, wenn man sich mit der Sammlung von Thomas
Olbricht beschäftigt. Es sind vor allem die Geschichte und Geschich-
ten vom Leben und Sterben, auf die sich ein Großteil des Sammlungs-
konvoluts bezieht. Es sind sinnliche, emotionale Arbeiten. Arbeiten,
die dem Betrachter einiges abverlangen.

Die ausgewählten Künstlerinnen verstecken nichts, so unter-
schiedlich sie formal sind. Sie sind deutlich, manchmal drastisch,
nie schüchtern, nie verschämt, auch selbstkritisch: Schau, was du
siehst, und sag mir, was das aus dir macht! Diese Kunst setzt sich uns
aus und will, dass wir uns ihr aussetzen. Empört euch, zeigt euch,
bewegt euch!

Auch wenn manche behaupten, Feminismus und Gleichbe-
rechtigung seien Themen von gestern, wird sich zeigen, welche Ak-
tualität, welche Brisanz diese Fragestellungen gerade heute haben.
In Zeiten von Krieg und Fluchtbewegung und in Zeiten, in denen das
Netz sinnstiftender Alleinunterhalter ist. Wie generiert sich weibliche Identität, wie positioniert sie sich und wie wird sie vereinnahmt

oder lässt sich vereinnahmen? Welche Bilder werden von Frauen archiviert in Zeiten des digitalen Overkills, der neuen Macht von Speed Dating, Speed Chatting und Speed Being.

Doch zurück zum schlafenden Mädchen. Der erste Raum ist wie ein Ruheraum. Er symbolisiert den Blick ins Innere, den Blick zurück auf allen Anfang. Das Träumerische, Unverdorbene dominiert im schönsten Fall den Moment des Kind-Seins. Kindlich sein, kindisch sein, bei sich sein. Das flatterhafte weibliche Wesen auf dem Bild der deutschen Malerin Monika Baer *Ohne Titel* (2004) steht im Dialog mit dem schlafenden Mädchen. Flirrend, poetisch, im Freiraum schwebend, liegt noch alles vor ihr – das Leben kann kommen. Das Sterben ist nur angedeutet, als unauffälliger Totenkopf im wehenden Haar des Mädchens.

Das Netz der gesellschaftlichen Codes wird erst noch ausgeworfen. Die Malerei *Fischnetz* (2010) der deutschen Künstlerin Helene Appel fungiert in *Queensize* als abstrakte Metapher für die Vernetzung in der Zukunft. Doch im Vorhof des erwachsenen Lebens können wir noch kompromisslos sein, *Egoiste* (2000). Der Schriftzug der Schweizer Bildhauerin Sylvie Fleury setzt eine deutliche Markierung.

Die *Bloodline* (1994) der Amerikanerin Kiki Smith führt den Betrachter schließlich durch den Hauptraum. Es sind die roten Blutkörperchen, die uns lebendig machen. Es ist die Blutbahn, die Geburt, Menstruation und Sexualität begleitet. Wir stehen mitten im Leben. Viele Fotos, Lebensbilder. Persönliche Einblicke, wie wir sie kennen aus der täglich neu gefütterten narzisstischen Bildwelt der Digital Natives. Sehen und gesehen werden, doch meint das das Gleiche?

An einigen Positionen wird deutlich, wie sehr alte Rollenvorstellungen immer noch gelebt werden. Das sind die Zeugnisse der rosaroten Middleclass-Welt von Tina Barney aus den USA. Eine Welt, in der das kleine Mädchen mit Schleifchen im Haar Daddys Liebling ist oder die Brautjungfern, lächelnd, in rosa Satin, die wie ein Abziehbild aus längst vergangenen Zeiten wirken. Doch all das findet heute noch statt. Am anderen Ende der Welt haben sich Töchter der schwerreichen mexikanischen Upperclass von Daniela Rossell porträtieren lassen. Selbstverliebt, superblond, sexy gestylt. Der Traum vom weiblichen Lebensglück? Beide Fotografinnen zeigen uns die Welt, aus der sie selbst kommen. Eine Welt zeitlos konservativ, die Frauen mittendrin, keineswegs unglücklich.

Die europäischen Künstlerinnen Jitka Hanzlová und Rineke Dijkstra haben nach anderen Frauen gesucht. Authentisch, verletzbar-nah ist die Porträtserie *Female* (1997–2000) der Tschechin Jitka Hanzlová. Sie zeigt Frauen, wie sie sind. Seltene, authentische

Momentaufnahmen in Zeiten der perfekten Selbstdarstellung und Selfiemanie. Die Serie pubertierender Mädchen *Hilton Head Island* (1992) der Niederländerin Rineke Dijkstra macht deutlich, wie kompliziert und komplex der weibliche Selbstfindungsprozess ist. Die französische Fotografin Bettina Rheims dagegen hat erwachsene Frauen gebeten, sich ihr nackt zu zeigen: Ihre Posen von *Chambre Close* (1991) sind ambivalent. Lustvolle Selbstbestimmung oder am Ende doch nur Pin-ups? Der Körper als das Maß aller Dinge? Ein Spiel, das auch Frauen immer wieder mitspielen. Aus der aktuellen Popwelt kennt man sie zur Genüge, diese pornografisch wirkenden Körperdemonstrationen.

Die südafrikanische Künstlerin Marlene Dumas demonstriert diese Ambivalenz auf berührende, zugleich starke Weise. Ihre Frauen aus dem „Milieu" sind auf Männer angewiesen. Sie brauchen den männlichen Trieb und das männliche Geld. Dumas zeigt Prostituierte als Menschen, deren Selbstbewusstsein gebrochen ist, deren Sexualität als käufliches Surrogat den Moment dominiert.

Katharina Bosses Fotoserie *Reich der Zeichen, Reich der Sinne* (1998–1999) zeigt ergänzend real existierende Sexräume aus den USA. Räume, in denen Männer ihre sexuellen Fantasien ausleben. Auf dem Campingplatz, im Gefängnis oder auf dem Schaukelpferd. Die Rollenspiele sind so bieder wie traditionell. Nicht vieles hat sich geändert. Eine lächerliche Groteske wohnt diesen stillen Zimmern inne.

Im letzten Raum zeigt *Queensize* Motive aus der Hölle, der Hölle auf Erden. Der Tod, das Leiden werden hier nicht als biologischer Prozess verstanden, sondern kulminieren im männlichen Machtsystem. Die Künstlerinnen sind in ihrer Haltung eindeutig-uneindeutig. Eindeutig zeigen sie uns, dass Gewalt, der aggressive Trieb, insbesondere religiös motiviert, von einer männlichen Schaltstelle gelenkt wird. Uneindeutig bleibt, wie in diesem System Freiheit und Selbstbestimmung möglich sein können.

In ihrem Video *The Experiment (Greed)* (2009) demonstriert die Schwedin Nathalie Djurberg mit animierten selbst geformten Puppen, wie sich katholische Priester lustvoll und selbstverständlich nackte Mädchen unter ihre Gewänder schieben. In der Fotografie *Found Guilty* (2009) der türkischen Künstlerin Şükran Moral wird die blutende Vagina zur Chiffre für Missbrauch und Gewalt. Das großformatige Bild *Zahra/Farah* (2008) der Amerikanerin Taryn Simon ist das Schlussbild eines Films, der auf der realen Geschichte einer im Irakkrieg von US-Soldaten zu Tode vergewaltigten Muslimin basiert. Hier ist nichts still. Alles wird gezeigt, offen, unverschlüsselt, schreit uns an. Drei brutale Systeme der Macht: Kirche, Staat und Gesellschaft. Indoktrinierte Verschwiegenheit, die Unterdrückung

durch den frauenfeindlichen islamischen Fundamentalismus und
die Brutalität der Kriegsherren. Die Frau wird zum Material:
degradiert, deformiert, zerstört. Die Künstlerinnen konfrontieren
plakativ und überdeutlich, und das ist gut so, denn sie wollen etwas
von uns wissen. Warum? Und vor allem: Warum immer noch?

Of the Beginning and the End
Nicola Graef

In the beginning was not the word; in the beginning was sight. A baby sees – and only once it has seen enough does it begin to speak. It collects visual impressions, just as we do in every exhibition we visit. *Queensize* greets us with the sight of a sleeping girl. *Balasana* (2009) by Patricia Piccinini shows us a little girl dreaming peacefully. Accompanying her in her dreams is an Australian Wallaby, lying on her back. What is it doing there? Is it some kind of guardian, a friendly companion? We can only guess at what this tender and curious bond may mean. This sculpture by the Australian artist is the symbolic starting point to *Queensize*, our portal to the daring venture of life.

Queensize uses the exhibited works to trace what can be identified as the three key phases of life: birth, life, and death. Each of them existential experiences which, in the Western world, we mostly experience in bed, hence the title of today's exhibition. Our decision to focus on the theme of the bed arose naturally after studying Thomas Olbricht's collection, for a strikingly large number of works in it revolve around stories of life and death. These are sensual, emotional works. Works which demand a lot from the viewer.

No matter how different their approaches are in formal terms, the selected artists hide nothing from us in their works. They are clear, sometimes even drastic, sometimes also self-critical, but never shy, never coy. They seem to say: look at what's in front of you and tell me how it makes you feel. This art lifts a veil off itself and demands that we, in turn, lift the veil off ourselves. Be offended, vent your opinions, let yourselves be moved!

And even though some may still argue that feminism and equality are topics of the past, today's exhibition shows just how topical and crucial these issues still are today. In the age of war and mass migration, and in the age when the Internet has emerged as our sole meaningful entertainer. How is female identity formed in a world like ours, what's its place in the world, and how is it appropriated and misappropriated? What images are being archived by women in this age of digital overkill, the new world order of speed-dating, speed-chatting, and speed-being?

But let's return to the slumbering girl. The first gallery is like a room for resting patients. It symbolizes the inward look, the look back to the beginnings we all share. Ideally, the moment of being a child is characterized by an unspoilt dreaminess. Being childlike, being childish, being just to be. The female image in German artist Monika Baer's untitled painting from 2004 forms a dialogue with Piccinini's sleeping girl. Baer's girl appears as a poetic shimmer, afloat in space with life laid out in front of her – a cheerful prospect. Death, though present, is only hinted at, in the inconspicuous skull in the girl's flowing hair.

The fabric of social codes has not yet been flung over her to bind her down. The painting *Fischnetz* (or 'Fish Net' from 2010) by German artist Helene Appel stands as an abstract metaphor for the bonds of obligation that await women in the future. But in this ante-chamber to adult life there's still room for us to be uncompromising-ly self-absorbed, in short to be an *Egoiste* (2000). This statement by the Swiss sculptor Sylvie Fleury sets the tone for this phase of life.

American artist Kiki Smith's *Bloodline* (1994) guides the viewer into the next room, the main gallery. It represents the red blood cells that bring us to life. It represents the bloodstream that accompanies birth, menstruation, and sexuality. We find ourselves in the middle of life. Confronted by an array of photographs, snapshots of life. Personal insights of the kind we recognize from the narcissistic world of digital natives that distends with fresh images each day. Seeing and being seen – but are the two things really the same?

A few of the works reveal how very old gender roles are still lived out today. What we see are Tina Barney's insider images of the pink cup-cake world of New England's well-to-do. A world where the little girl with a bow in her hair is bound to be daddy's favourite, or the smiling bridesmaids bundled up in pink satin appear as the ironic decalcomania of yesteryear. But these scenarios are not ironic, they're being played out today. A couple of thousand miles away, daughters of the Mexican super-rich have gathered to get their portraits taken by Daniela Rossell. Narcissistic, super-blond, over-styled. A vision of female happiness in life? Both photographers present us with a glimpse of the world and class they come from. A world that is timelessly conservative, with the women, by no means unhappy, at its centre.

The European artists Jitka Hanzlová and Rineke Dijkstra have gone in search for female subjects of a very different kind. Czech artist Jitka Hanzlová's portrait series *Female* (1997–2000) is authentic, often unsparingly so. It shows women as they are. Rare, authentic snapshots full of vulnerability, in an age of idealized self-presentation and self-mania. *Hilton Head Island* (1992), Dutch artist Rineke Dijkstra's series of pubescent girls, clearly shows how complicated the female process of self-discovery can be. French photographer Bettina Rheims, by contrast, has asked adult women to present themselves naked; and their poses from *Chambre Close* (1991) are ambivalent. Lustful self-determination or just pin-up material after all? The body as the measure of all things? A game that women (and not just men) go along with again and again. These pornographic displays of the body are familiar to us from the current world of popular culture.

South African artist Marlene Dumas demonstrates this ambivalence in a touching and simultaneously forceful way. Her women from the sex industry are dependent on men. They are dependent on the male sex drive and men's wallets. Dumas presents prostitutes as people whose self-confidence is broken, whose sexuality dominates the moment as a buyable surrogate.

In a similar vein, Katharina Bosse's photo series, *Reich der Zeichen, Reich der Sinne* (or 'Empire of Signs, Empire of Senses' from 1998-1999), shows real 'sex rooms' in the USA. Rooms in which men live out their sexual fantasies. On the campsite, in jail, or on a rocking horse. The role-playing games are rooted in convention, are trite, even homely. Looking at these fantasies, it seems little has changed over time. There is a ridiculous grotesque element lurking in these silent rooms.

The final gallery in *Queensize* presents us with images and scenarios from hell, hell on Earth. Death and suffering are not envisioned here as natural biological processes, but as the extreme result of the male power system. In the stances they adopt, the artists featured in this room are unanimously non-unanimous. The artists are in agreement that violence, particularly religiously motivated aggression, is driven and perpetrated by men. The artists are ambivalent, however, as to how freedom and self-determination is possible under this system.

In her video work *The Experiment (Greed)* (2009) Swedish artist Nathalie Djurberg uses animated hand-made dolls to depict lustful Catholic priests slipping naked girls under their vestments without fear of impeachment. In the photograph *Found Guilty* (2009), Turkish artist Şükran Moral presents the bleeding vagina as a symbol for abuse and violence. The large-scale photograph *Zahra/Farah* (2008) by American artist Taryn Simon is taken from the closing shot of a film recounting the real-life story of a young Muslim girl raped to death by US soldiers during the Iraq War. Nothing is kept from us. Everything is shown, bared open, uncodified, screaming at us to act. Three brutal systems of power are at work here: church, state, and society. Indoctrinated secrecy, oppression by misogynistic Islamic fundamentalism, and the brutality of tribal warlords. Woman becomes material: degraded, deformed, destroyed. The artists confront us with these issues in a blatant manner – and that's how it should be, because they demand to know something from us: Why is this going on, and more to the point, why is it still going on?

Raum/Room
1
Vom Werden/On becoming

Am Anfang: die Unschuld, sich hingegeben, zweckentbunden. Neugierig, naiv, impulsiv. Ein jungfräulicher Zustand, in dem noch alles offen ist, gesellschaftliche und soziale Vereinnahmung noch nicht greifen. Träumerisch, verspielt, der Poesie des Lebens verfallen. Frei von Gender Codes, männlichen Projektionen, digitalen Bildwelten. In weiter Ferne, kaum ahnbar: die Kollision zwischen Selbst- und Fremdbestimmung, zwischen Eigen- und Fremdwahrnehmung.

In the beginning: innocence, self-absorption, a benign purposelessness. Curious, naive, impulsive. A virginal state in which everything still lies open, societal and social appropriation is yet to occur. Dreamy, playful, surrendered to the beauty of life. Free from gender codes, male projections, the bombardment of digital images. On the distant horizon, hardly perceptible: the collision between self-determination and heteronomy, between self-perception and the perception of others.

I give myself
anything.

ermission to try

Zitat von/
Quote by

Ellen Altfest

S./p. 142

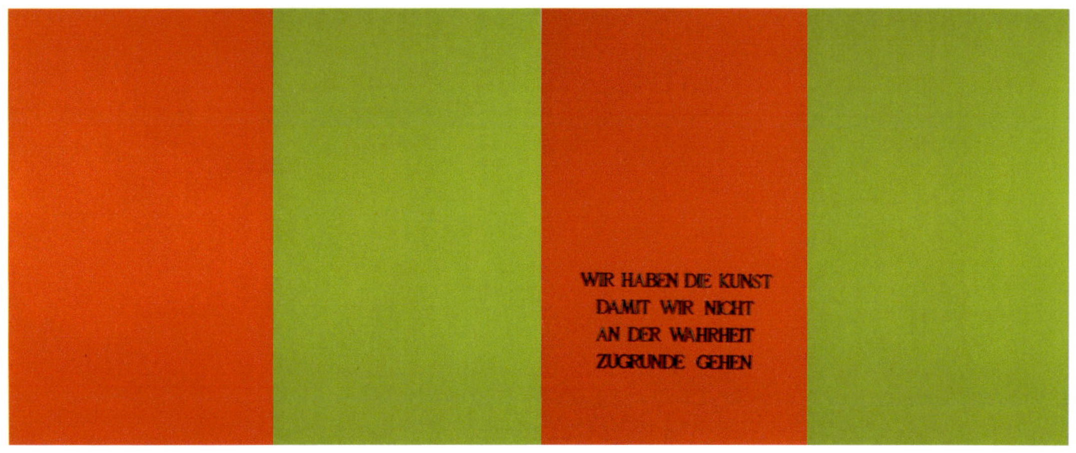

Marie-Jo Lafontaine

Ohne Titel, 1983
Acryl, Holz, Bronze/
Acrylic, wood, bronze
132 × 340 cm (Jede Tafel/
Each board 132 × 85 cm)
© VG Bild-Kunst, Bonn
2015

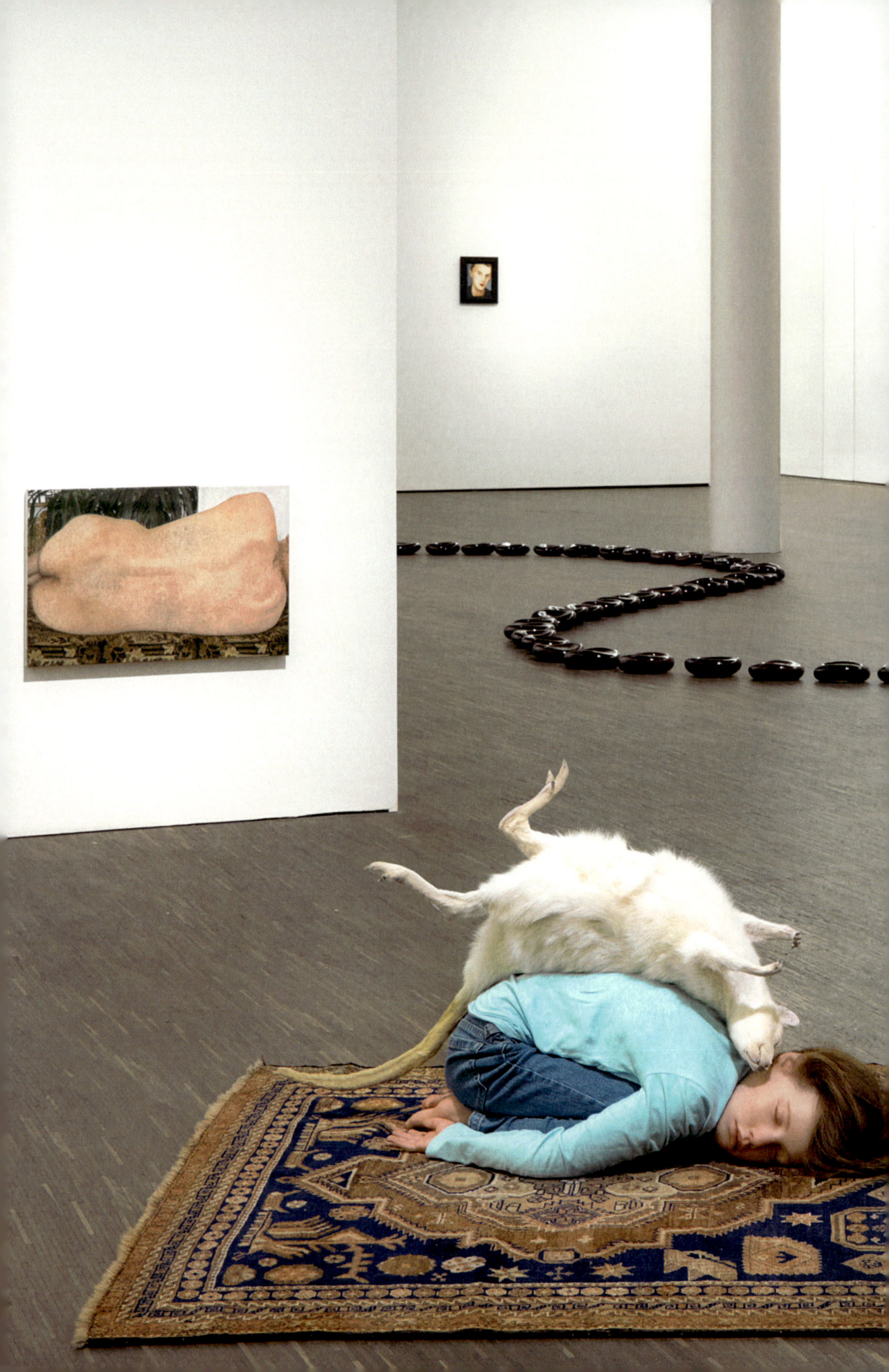

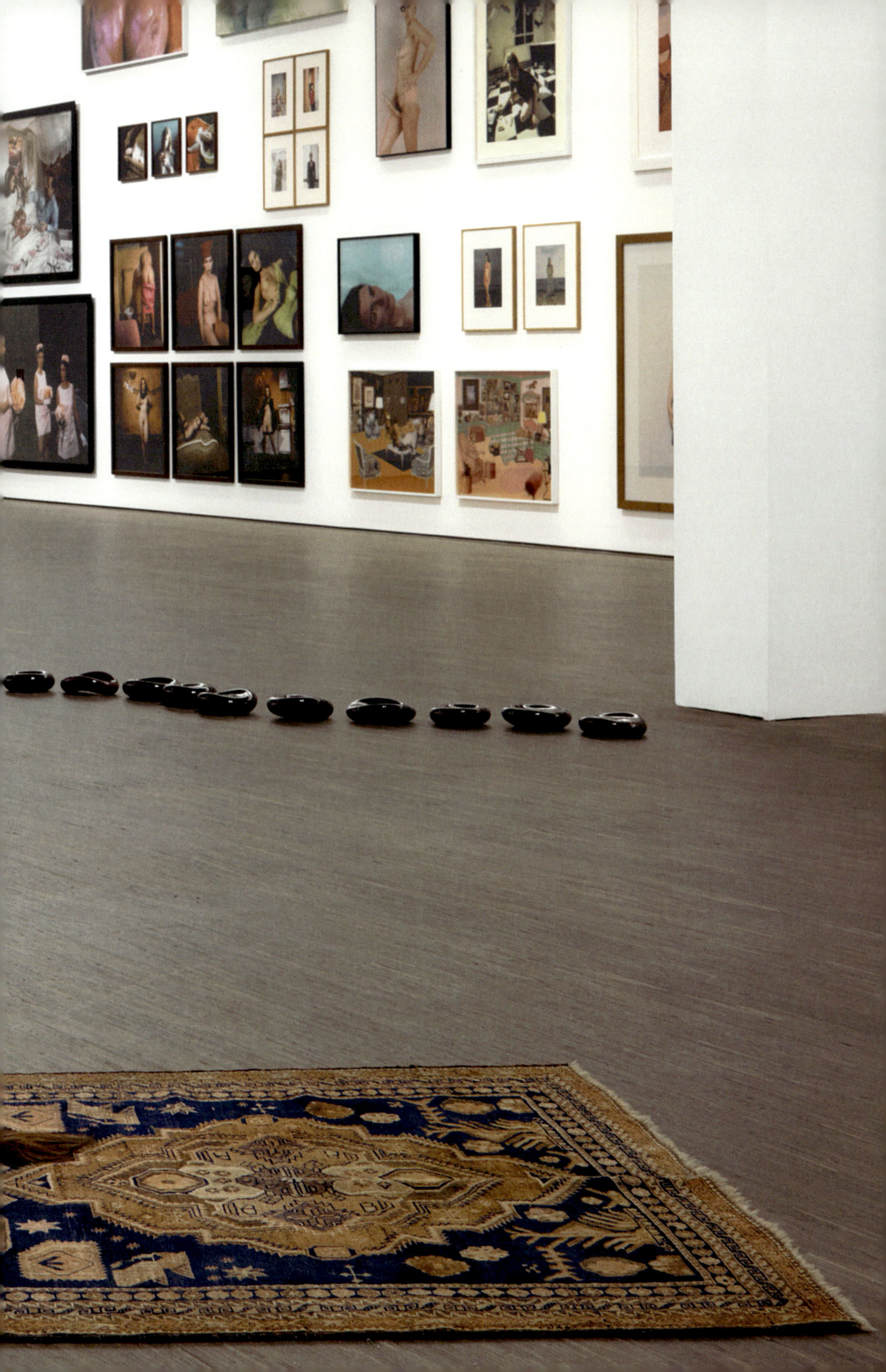

Egoiste, 2000
Neon
50 cm
Courtesy of the artist

Vorige Seite/
Previous page

Installationsansicht/
Installation view

Queensize – Female
Artists from the Olbricht
Collection im/at
me Collectors Room
2014
Photo Bernd Borchardt

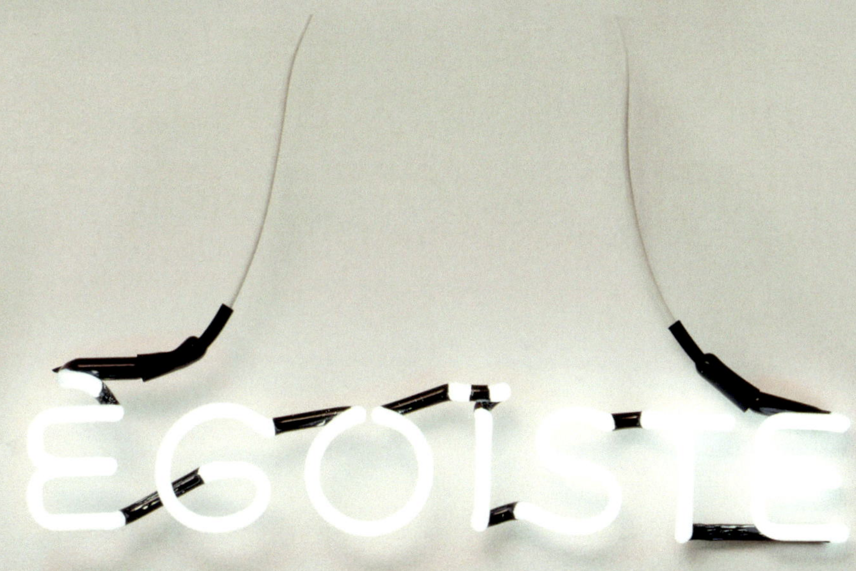
ÉGOÏSTE

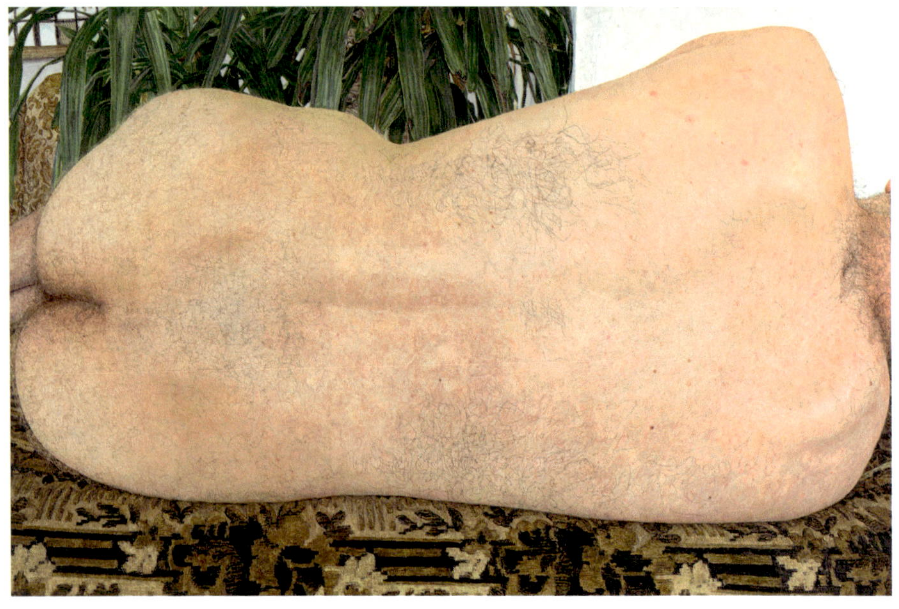

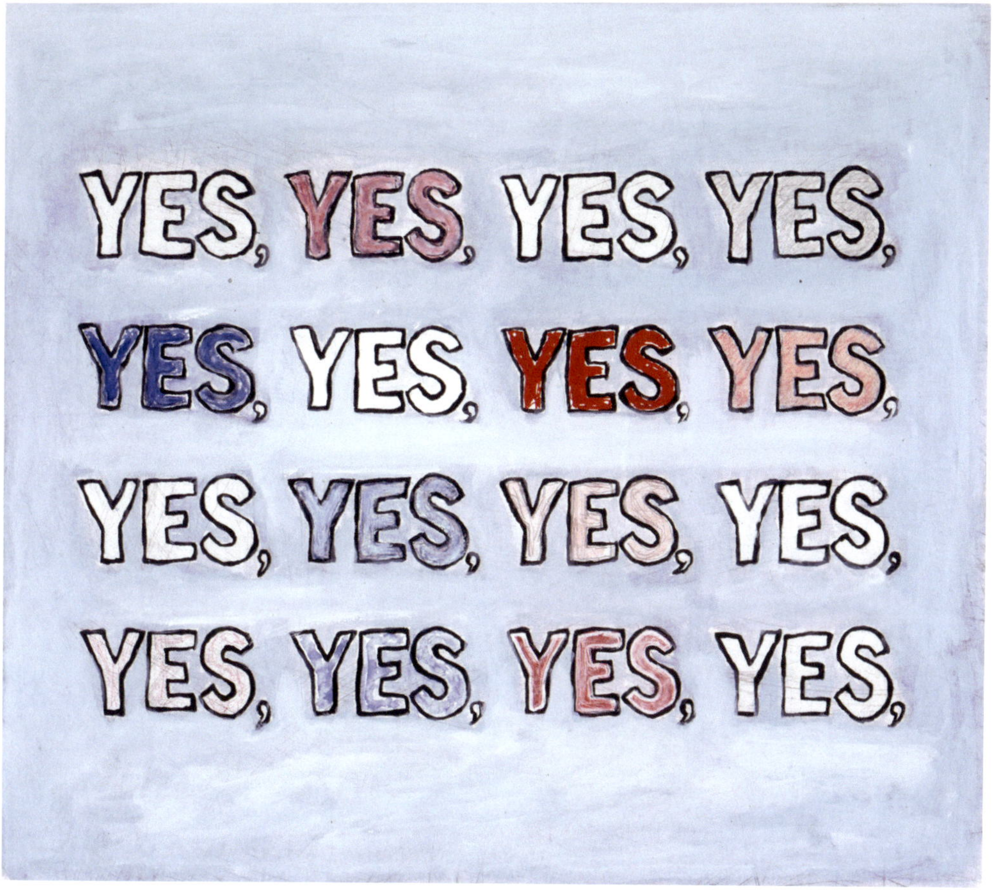

Ellen Altfest

The Back, 2008–2009
Öl auf Leinwand/Oil on
canvas
63,5 × 40,6 cm
© Ellen Altfest,
Photo Todd-White Art
Photography, Courtesy
White Cube

Louise Bourgeois

YES, 2004
Wasserfarben,
Gouache, Tinte, farbige
Tinte und Zeichnung auf
Somerset-Seidenpapier,
montiert auf „Twin-
rocker"/Watercolour,
gouache, ink, coloured
ink and etching on
Somerset Satin paper,
mounted on Twinrocker
69,9 × 77,8 cm
© The Easton Foundation/
VG Bild-Kunst, Bonn 2015

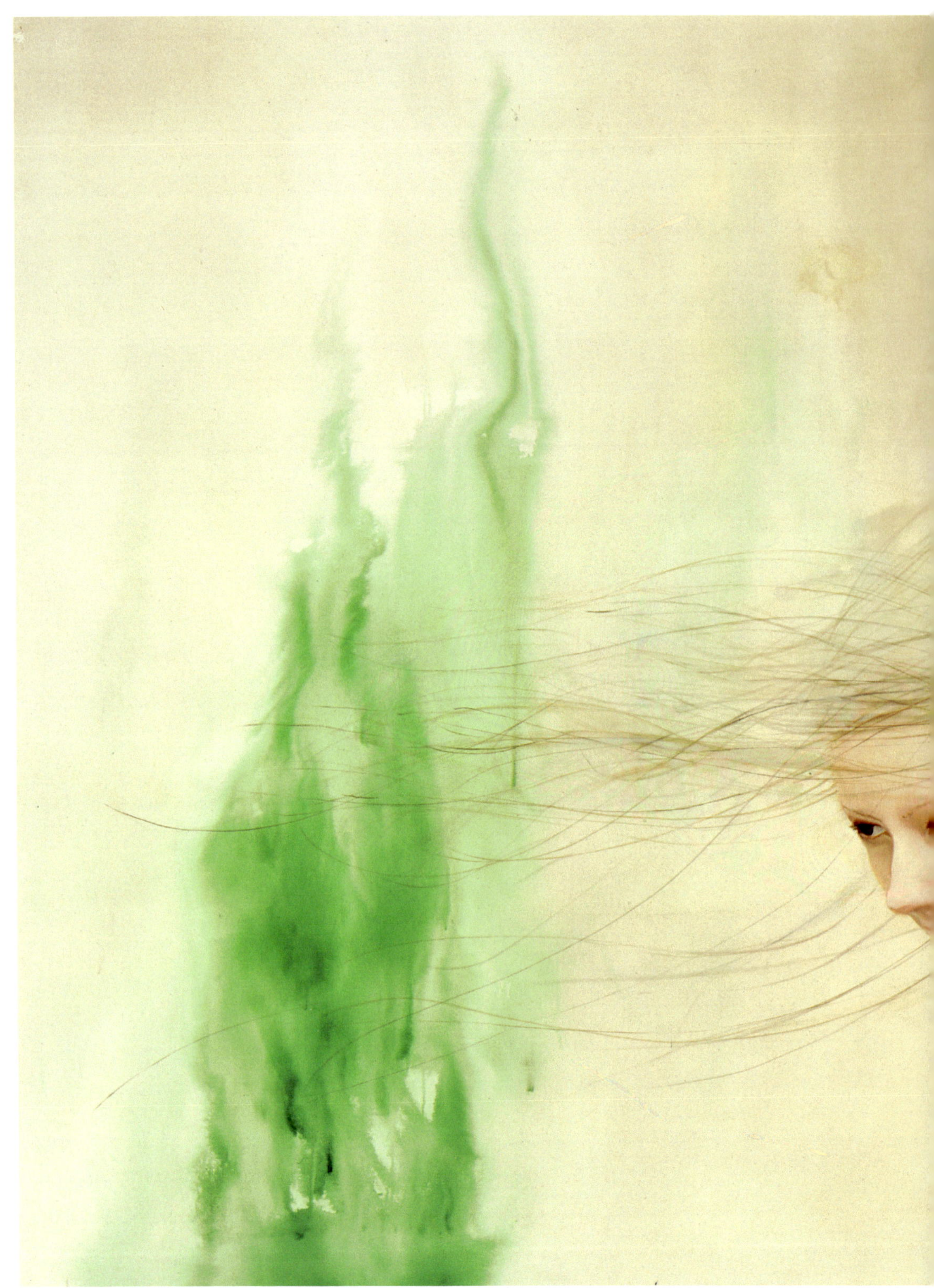

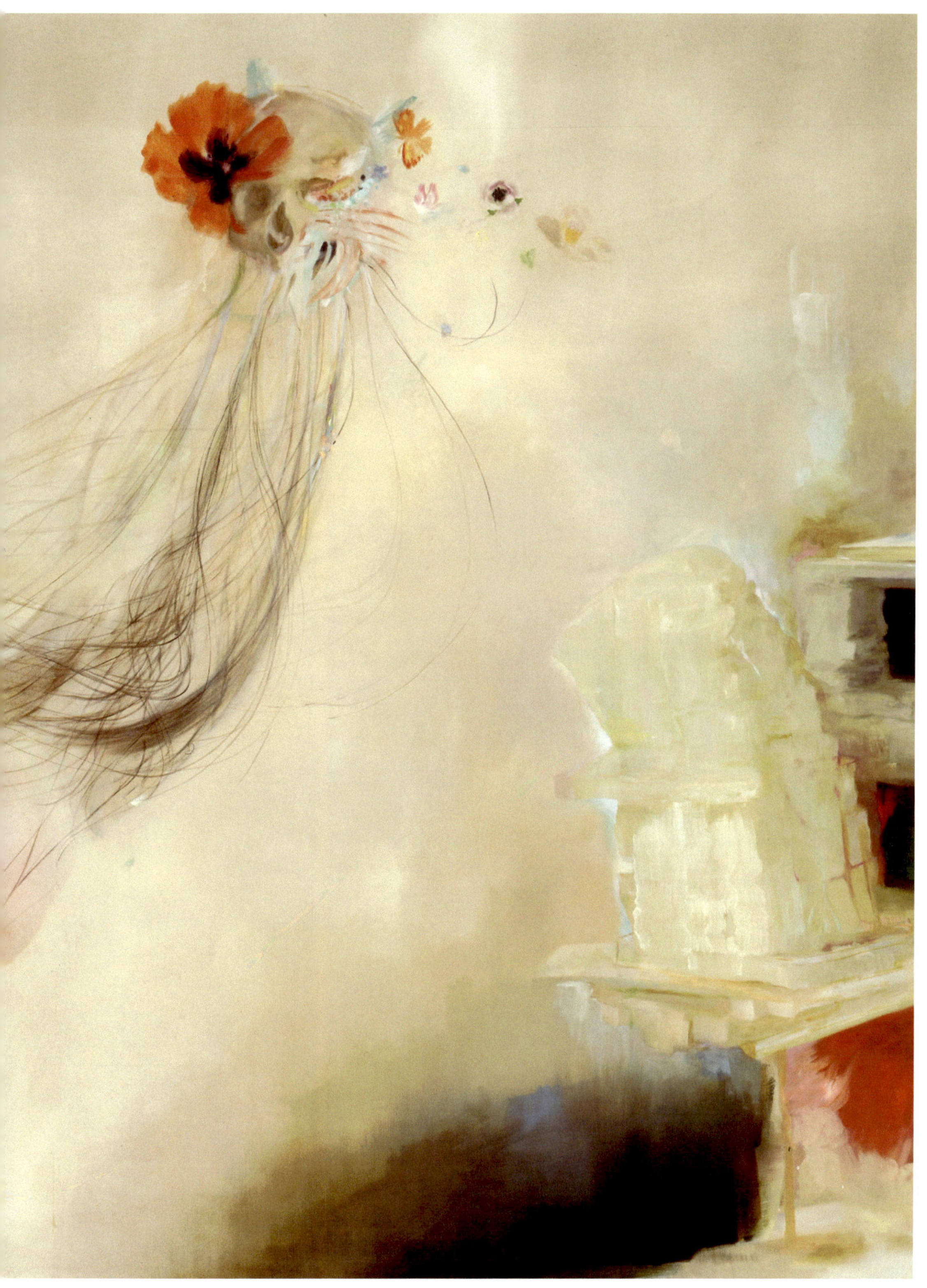

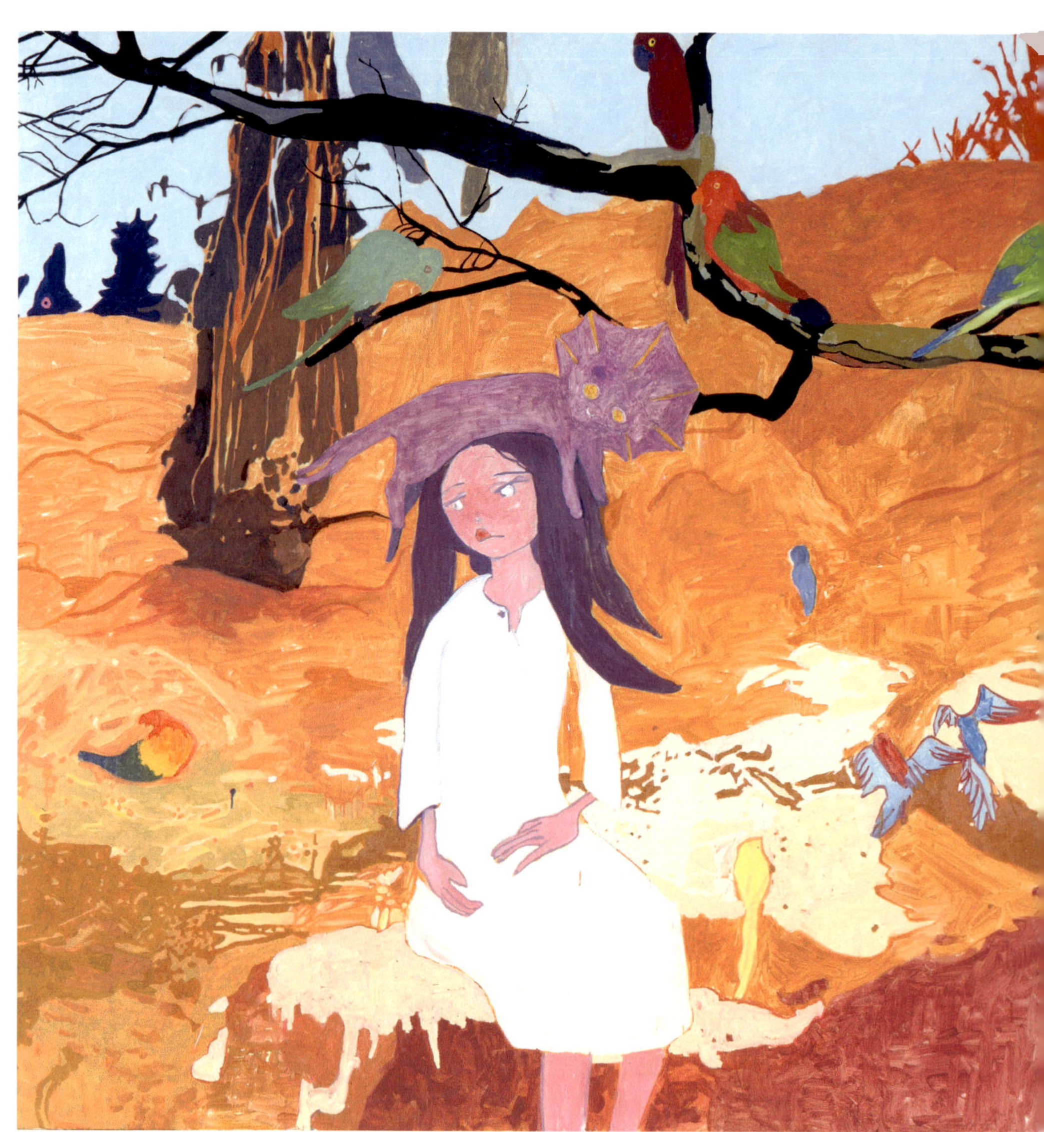

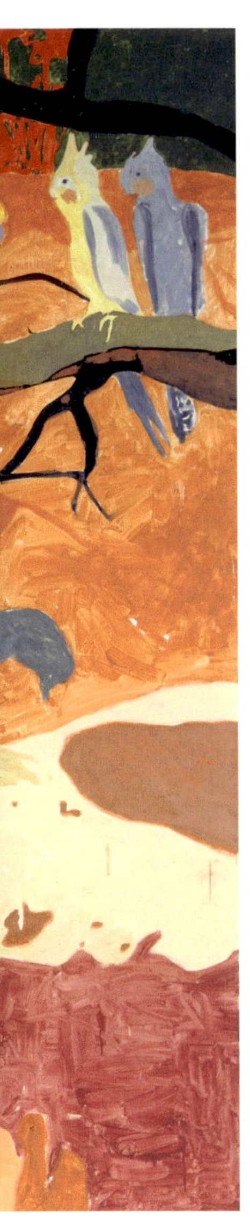

Makiko Kudo

We live in the Milky Way
2004
Öl auf Leinwand/
Oil on canvas
182 × 227 cm
© Makiko Kudo, Courtesy
of Tomio Koyama Gallery

Vorige Seiten/
Previous pages

Monika Baer

Ohne Titel, 2004
Acryl, Aquarell,
Öl auf Nessel/
Acrylic, watercolour,
oil on nettle
180 × 280 cm
Courtesy the artist and
Galerie Barbara Weiss,
Berlin

Helene Appel

Fischnetz, 2010
Acryl, Aquarell und Öl
auf Baumwolle/Acrylic,
watercolour and oil on
cotton
220 × 328 cm
Courtesy Galerie Luis
Campaña, Berlin

41

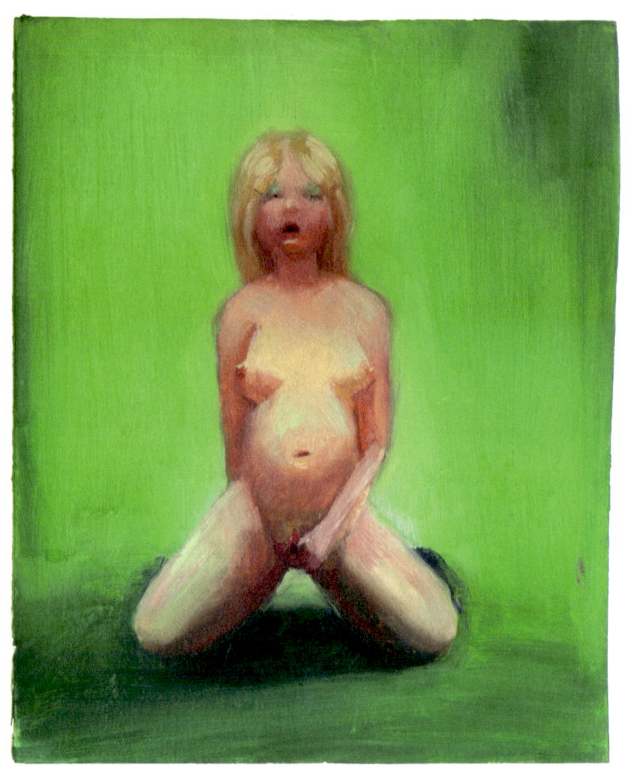

Lisa Yuskavage

Study for blonde jerking
off, 1995
Öl auf Karton/
Oil on cardboard
26,7 × 21,6 cm

Smoking Blonde, 1994
Öl auf Papier/
Oil on paper
22,9 × 21 cm
Courtesy the artist and
David Zwirner, New York

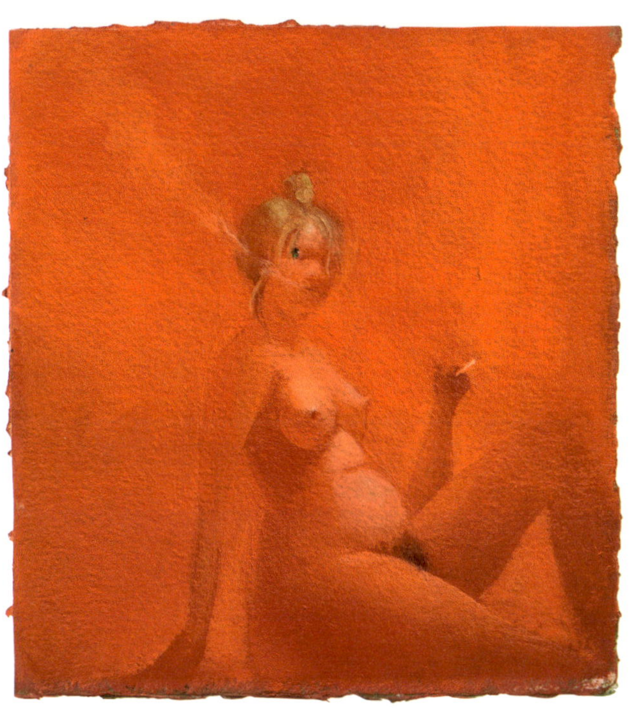

Raum/Room
2
Vom Sein/On being

Pubertät, Sexualität, erwachsen, Frau sein. Angreifbar werden, konfrontiert mit einem gesellschaftlichen System von Erwartungen und Zuschreibungen. Wie sehe ich mich? Wie werde ich gesehen? In einer Welt der Bildmaschinerie der Popkultur, Werbeästhetik und Körperkultivierung wird die Identität zur Projektionsfläche oder zum Tool für die digitale Selbstdarstellungsmanie. Wer hat die Macht über meine Identität? Ich oder der Andere? Wer bin ich, wer kann ich sein und wie viele? Scheitern, Gelingen und auf der Suche sein.

Puberty, sexuality, adult life, being a wife. Growing vulnerability, confronted with a social system of expectations and attributions. How do I see myself? How am I seen by others? In a world dominated by the visual machinery of pop culture, advertising, and the cult of the body, identity is turned into a surface of projection or a tool in the all-pervading mania of digital self-presentation. Who is in control of my identity? Me or others? Who am I, who can I be, and how many people can I be at once?

I have a w

onderful life.

Zitat von /
Quote by

Bettina Rheims

S./p. 141

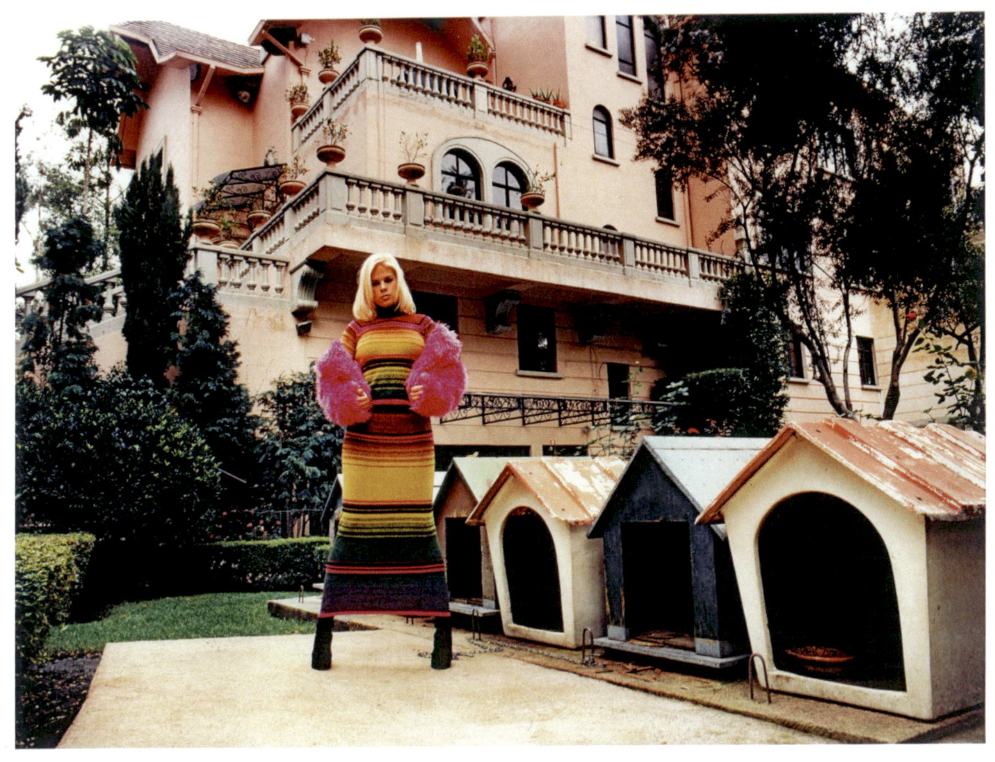

Daniela Rossell

Untitled
(Inge with dog houses),
aus der Serie/from the
series „Ricas y famosas"
1999, C-Print
127×152,4 cm
Courtesy of the artist and
Greene Naftali, New York

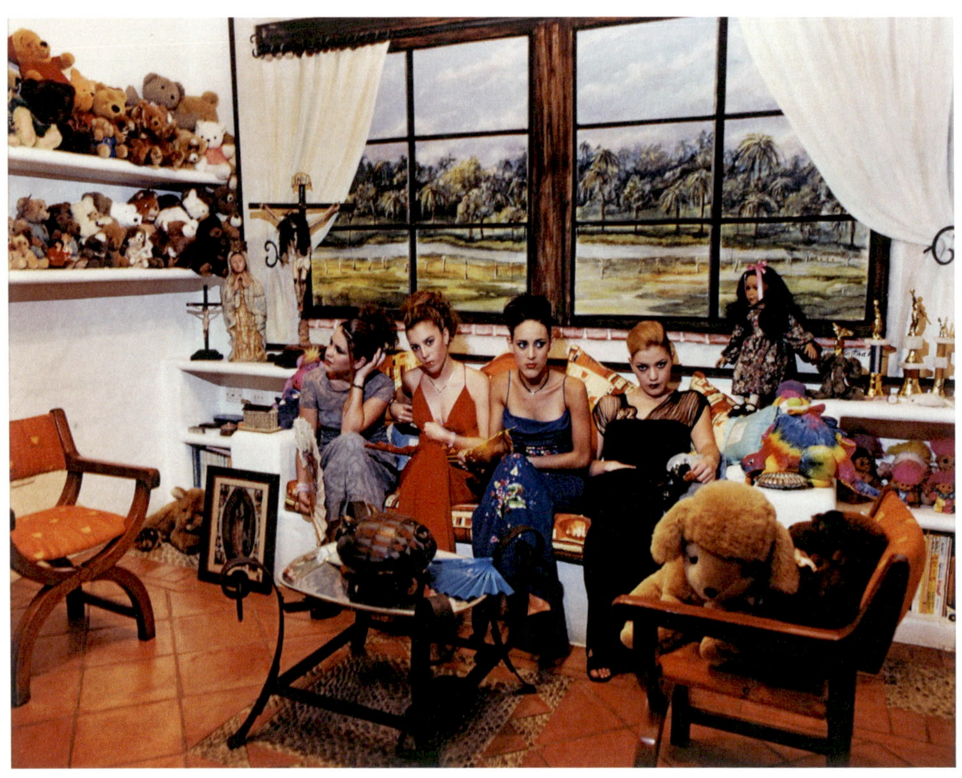

Daniela Rossell

Untitled
(Maria, Haydee, Paulina
& Claudia in Playroom,
Tabasco, Mexico),
aus der Serie/from the
series „Ricas y famosas"
2000, C-Print
127×152,4 cm

Untitled
(Janita in Harem Room,
Villa Arabesque, Aca-
pulco, Mexico), aus der
Serie/from the series
„Ricas y famosas", 2002
C-Print
127×152,4 cm
Courtesy of the artist and
Greene Naftali, New York

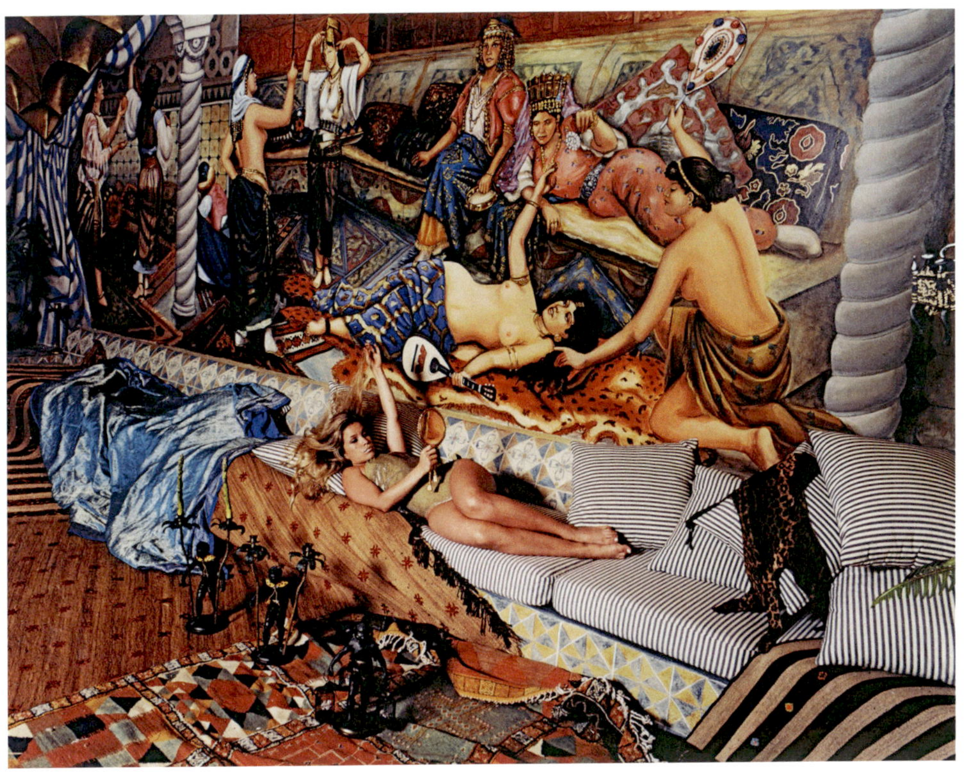

Folgende Seite/
Following page

Daniela Rossell

Untitled
(Inge and her mother
Emma in living room,
Mexico City),
aus der Serie/
from the series
„Ricas y Famosas", 2000
C-Print, 127 x 152,4 cm
Courtesy of the artist and
Greene Naftali, New York

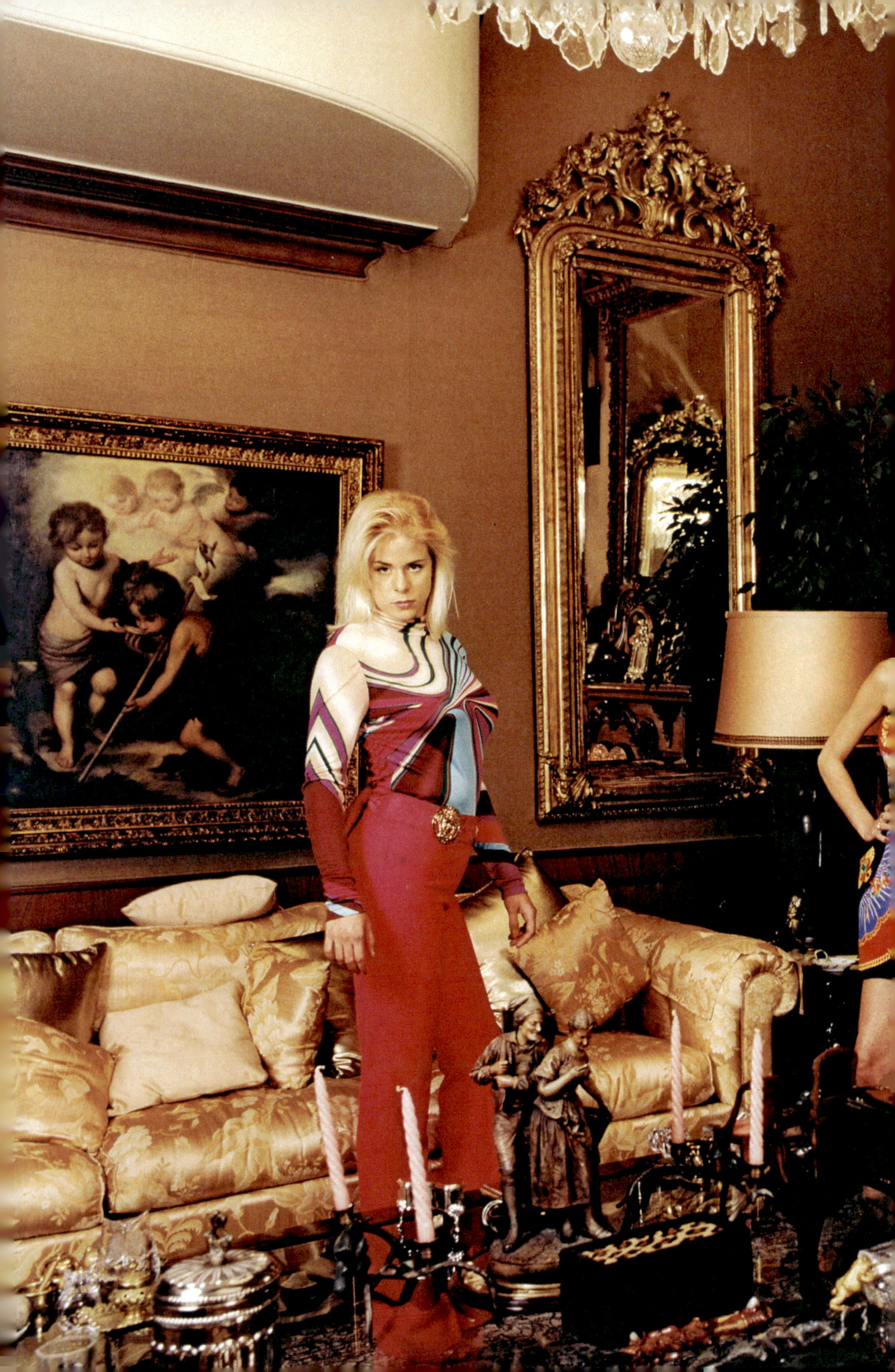

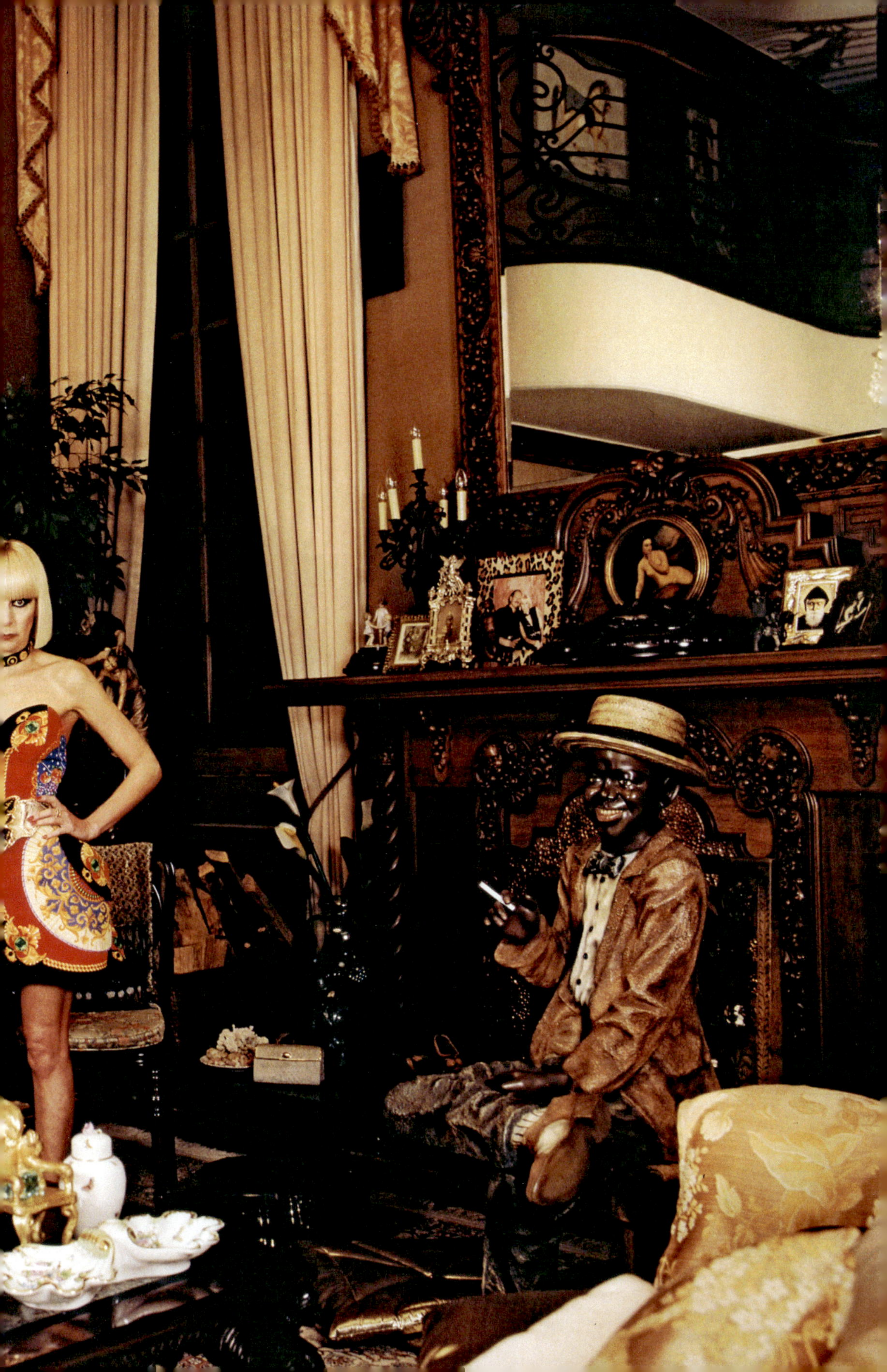

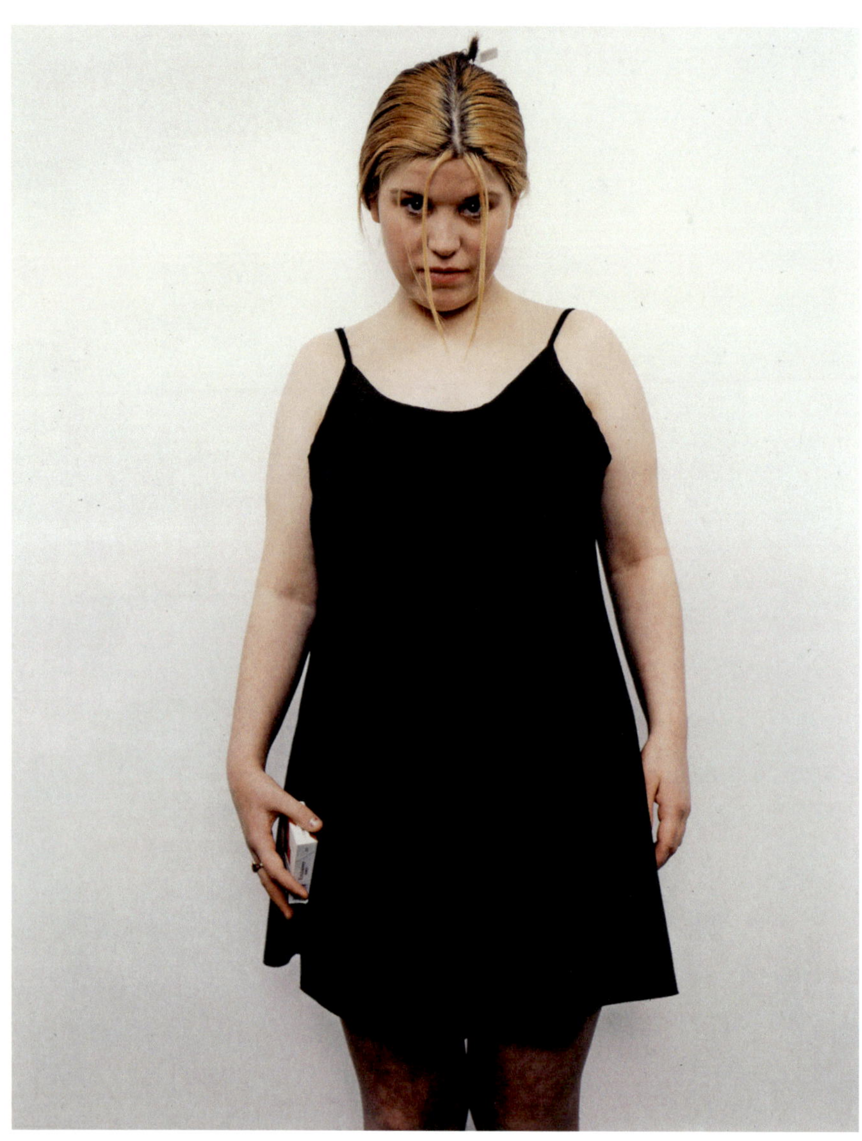

Rineke Dijkstra

The Buzzclub, Liverpool,
UK, March 3, 1994
C-Print, 153 × 129 cm

The Buzzclub, Liverpool,
UK, March 11, 1994
C-Print, 153 × 129 cm
Courtesy Marian
Goodman Gallery,
New York

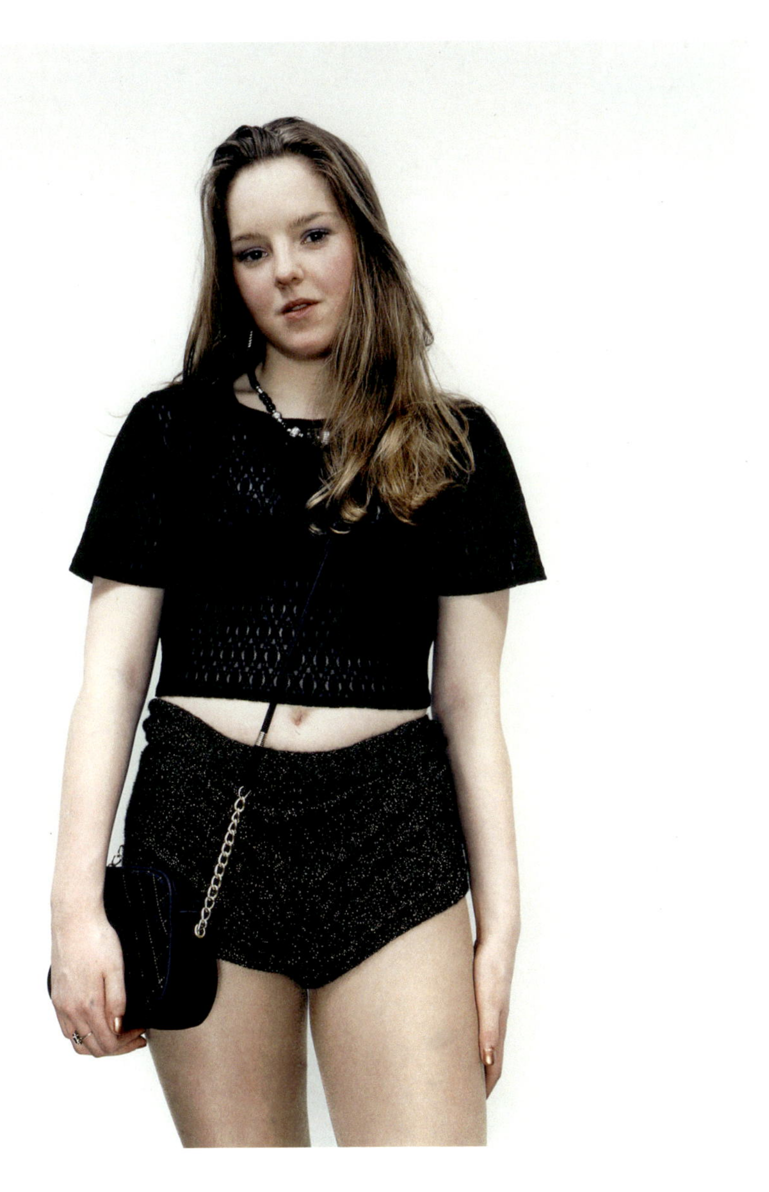

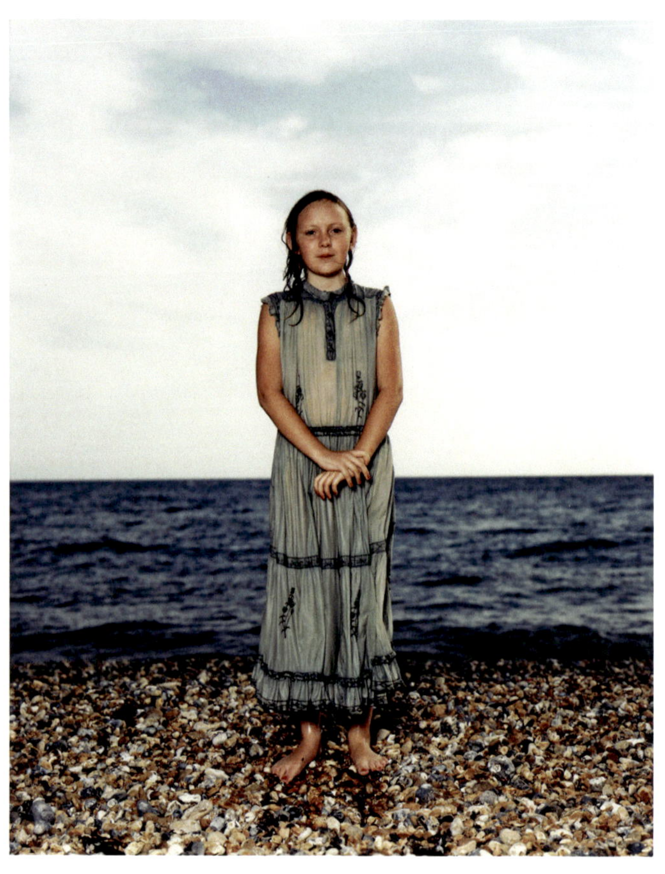

Brighton, England,
August 21, 1992,
C-Print, 62 × 52 cm

Hilton Head Island, SC,
USA, June 22, 1992,
C-Print, 62 × 52 cm
Courtesy Marian
Goodman Gallery,
New York

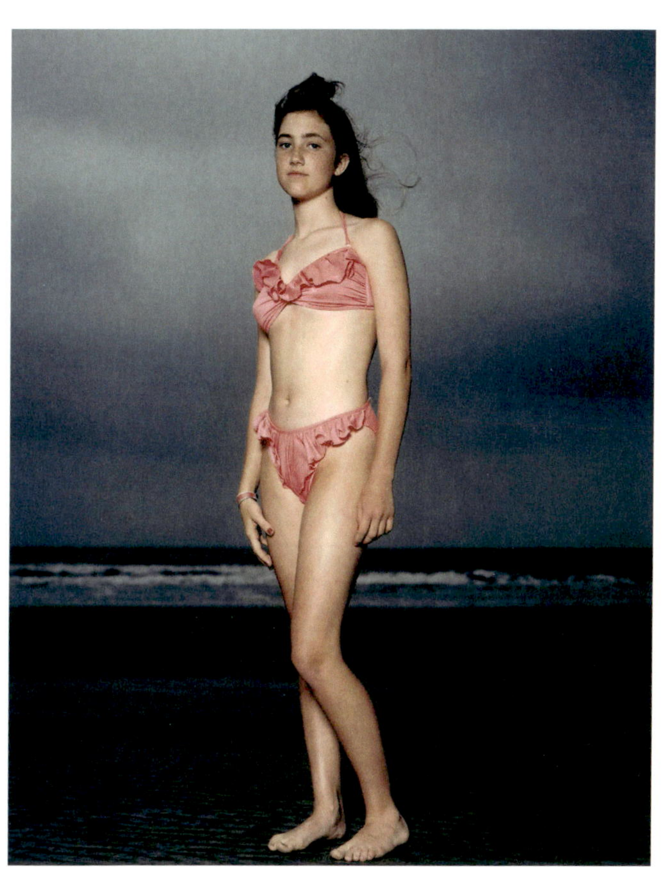

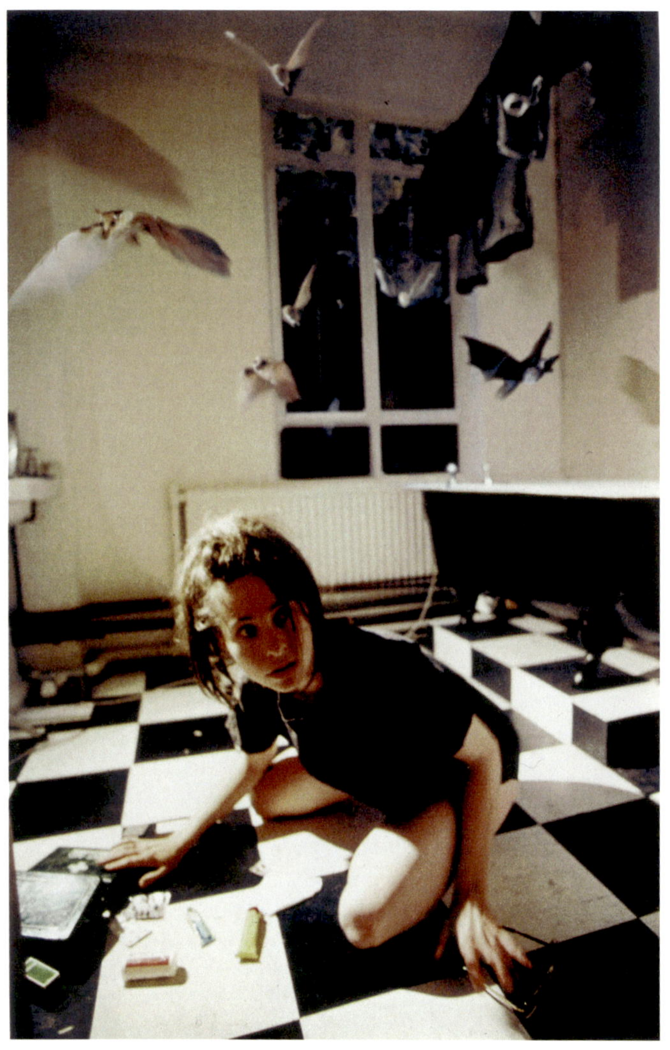

Abigail Lane

Fear was her crime, 1998
Ink Jet Print
118 × 85 cm
© the artist, Courtesy
Galerie Vera Munro

Kirsten Stoltmann

Art Forum Ad, 2000
C-Print
101,6 × 76,2 cm
Courtesy Kirsten E.
Stoltmann

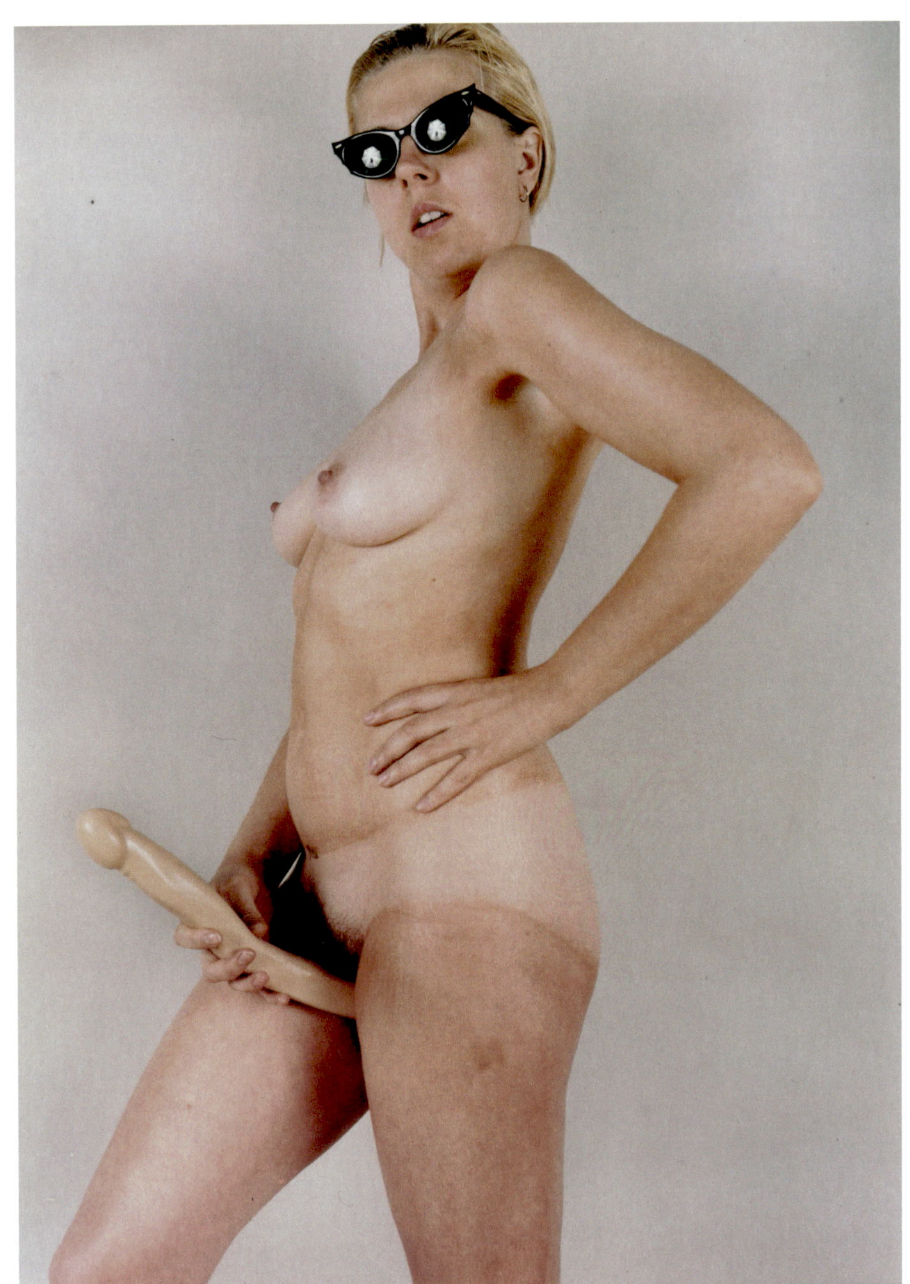

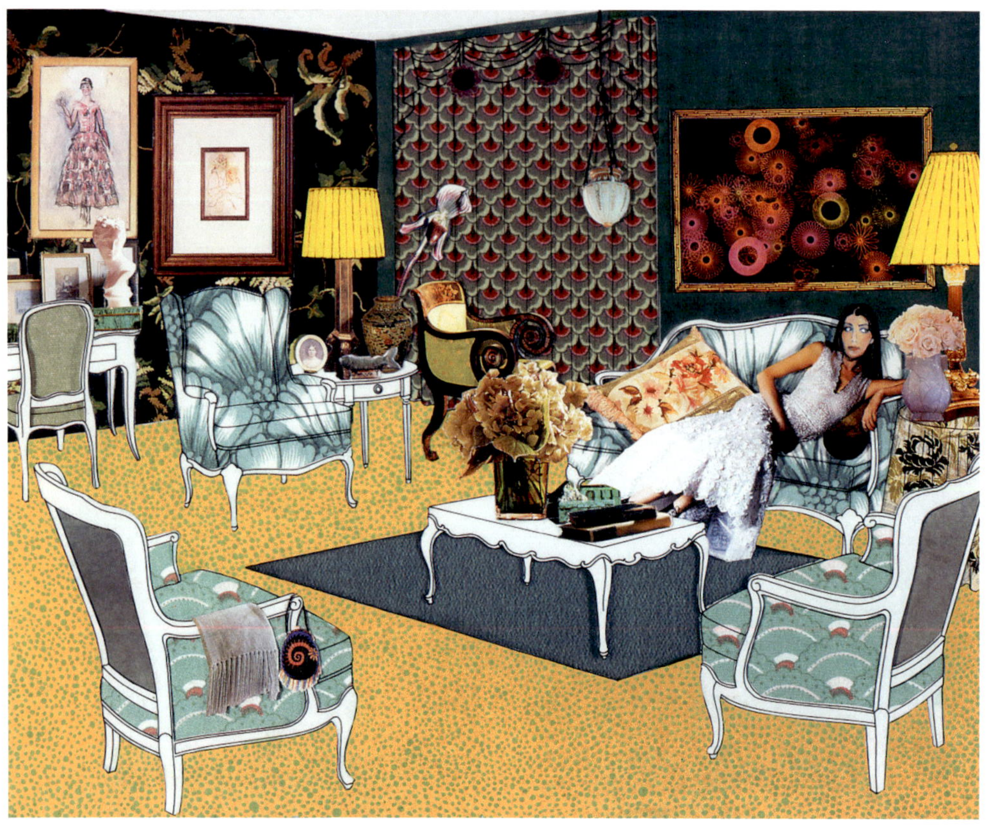

The Instant Decorator
(Green Living Room)
2002, Cibachrome, mon-
tiert hinter Plexiglas/
Cibachrome, plexi-mounted
76×95 cm

The Instant Decorator
(Pink and Green Room)
2002, Cibachrome,
montiert hinter Plexiglas/
Cibachrome, plexi-mounted
76×95 cm
Courtesy of the artist
and Salon 94, New York

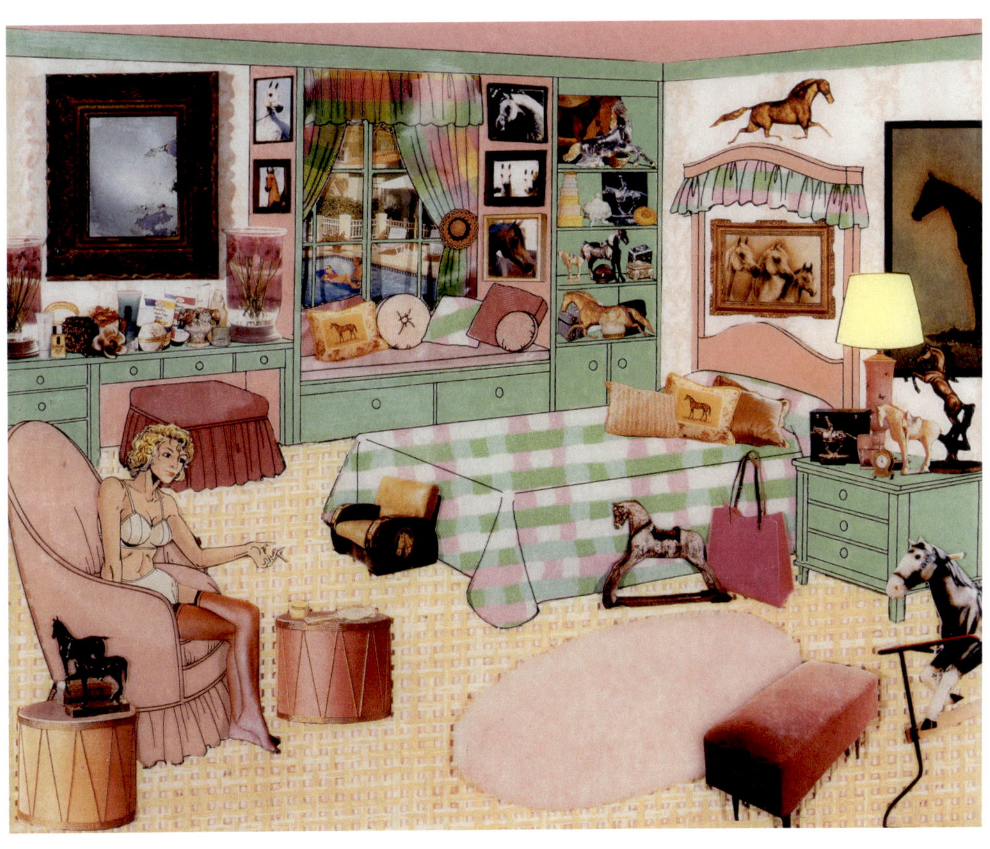

Folgende Seite/
Following page

Sharon Lockhart

Untitled, 2001
C-Print
61×86,4cm
© Sharon Lockhart, 2001.
Courtesy the artist,
neugerriemschneider,
Berlin, Gladstone Gallery,
New York and Brussels,
and Blum & Poe,
Los Angeles

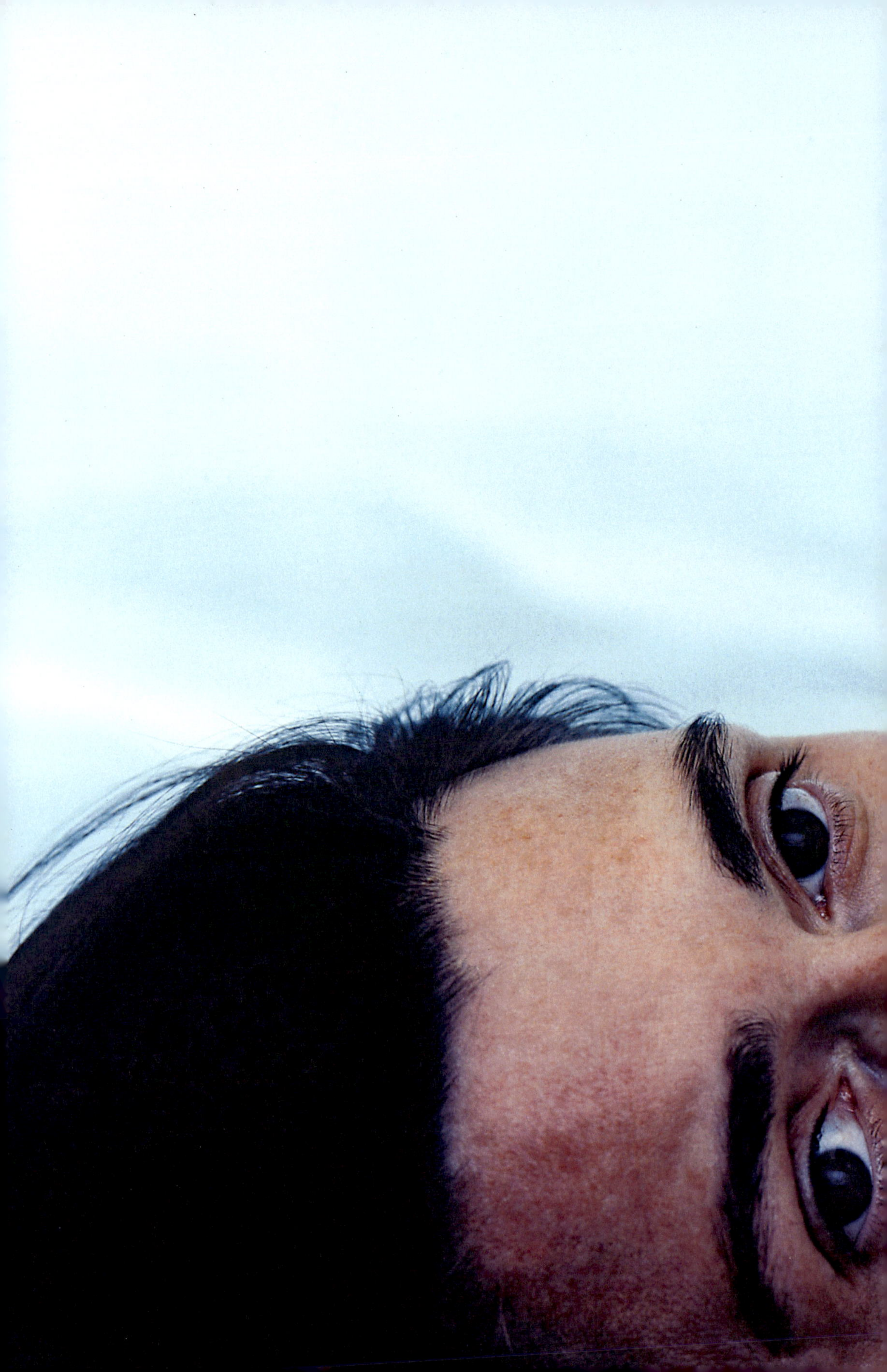

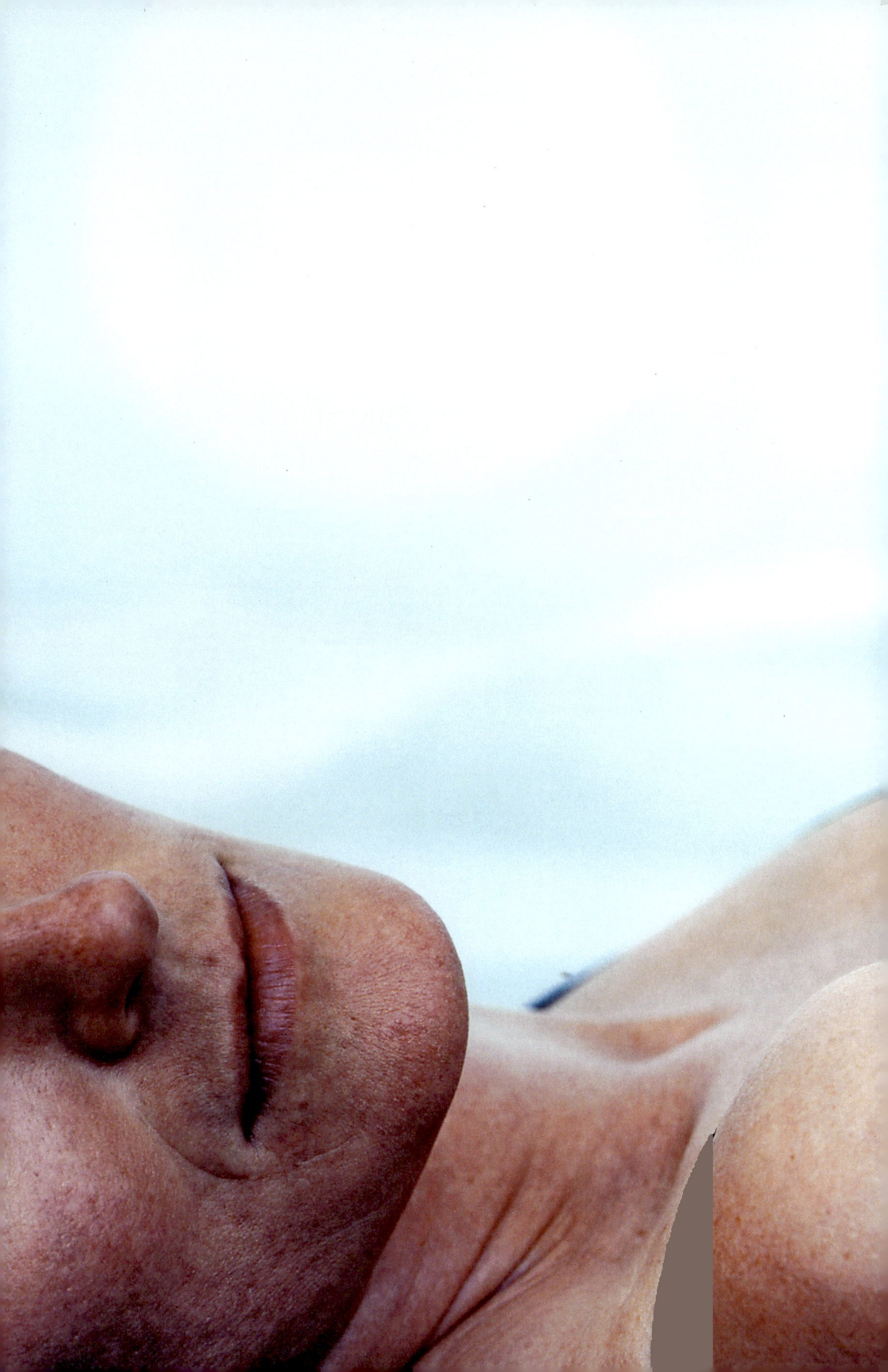

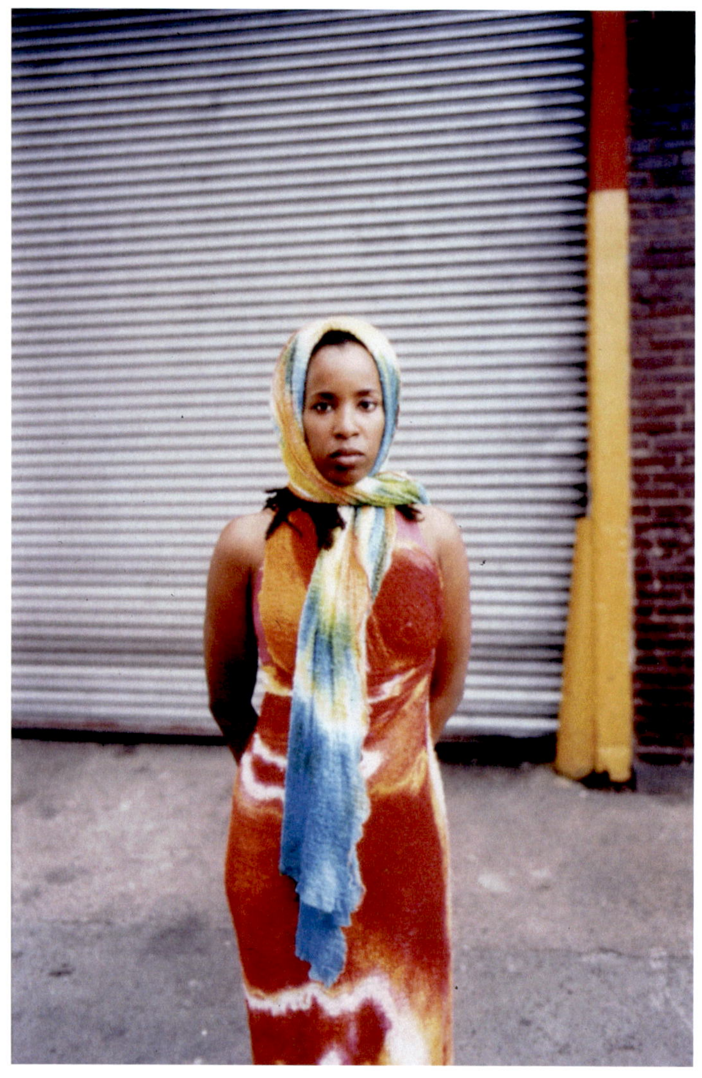

Jitka Hanzlová

Jaqueline, Chelsea, aus
der Serie/from the series
„Female", 1999
Farbfotografie/
Colour print
28,8 × 19,2 cm

Alexandra, Coney Island
aus der Serie/from the
series „Female", 2000
Farbfotografie/
Colour print
28,8 × 19,2 cm
© Kicken Berlin

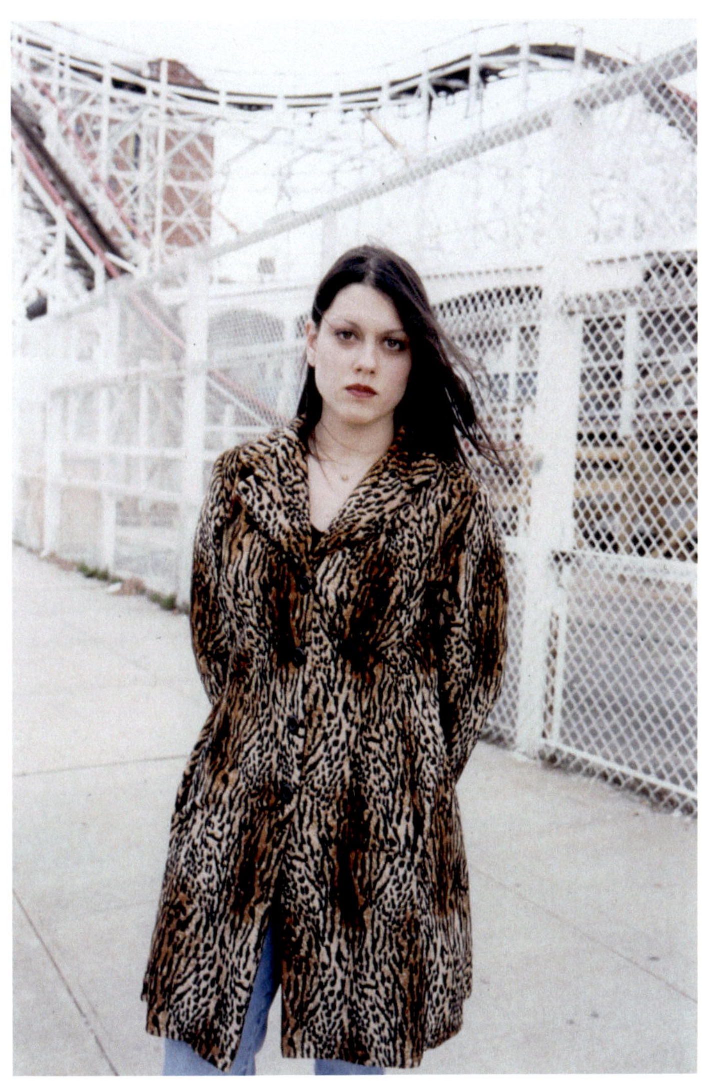

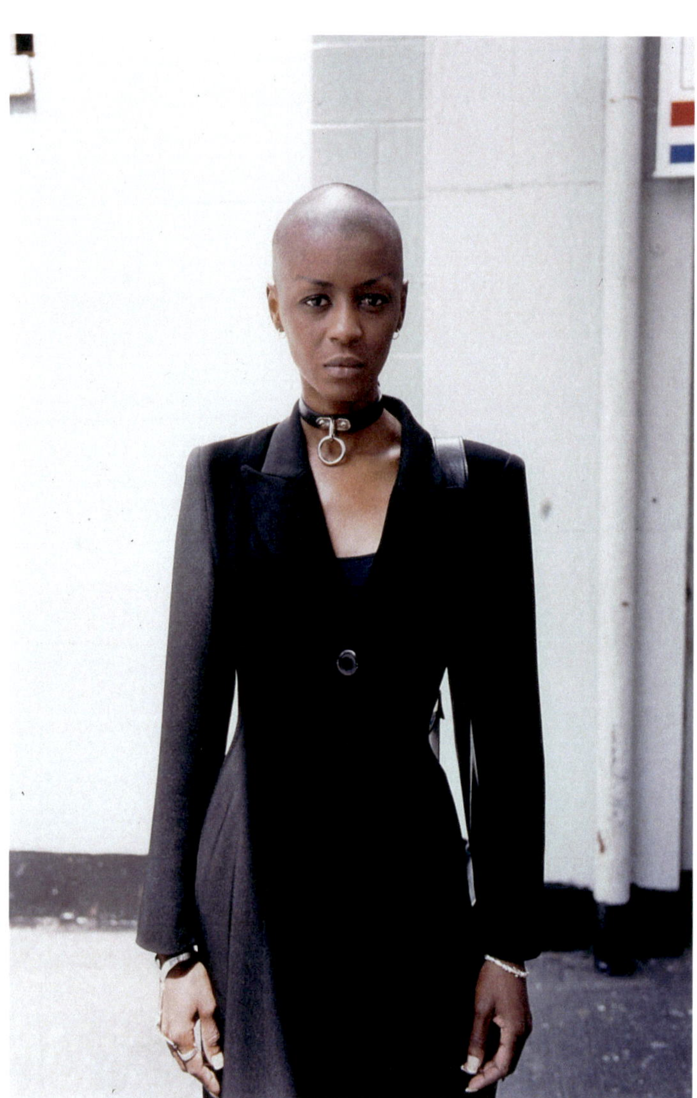

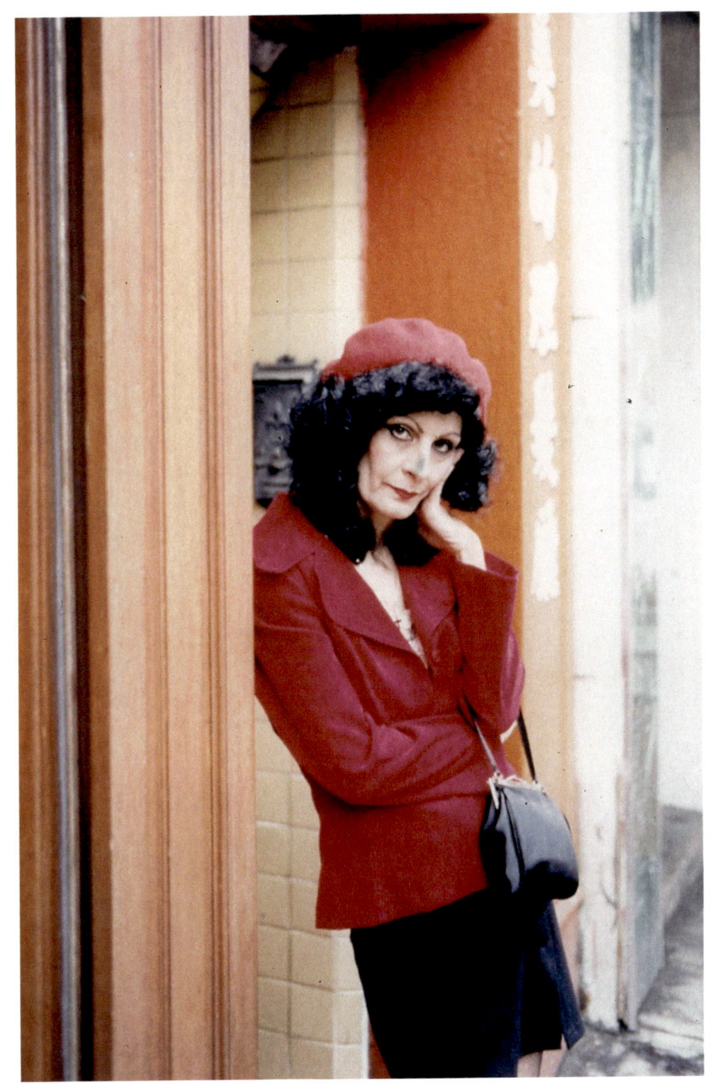

Jitka Hanzlová

Diane, Broadway, aus
der Serie/from the series
„Female", 1999
Farbfotografie/
Colour print
28,8×19,2 cm

Joy Angela, Chinatown
aus der Serie/ from the
series „Female", 1999
Farbfotografie/
Colour print
28,8×19,2 cm
© Kicken Berlin

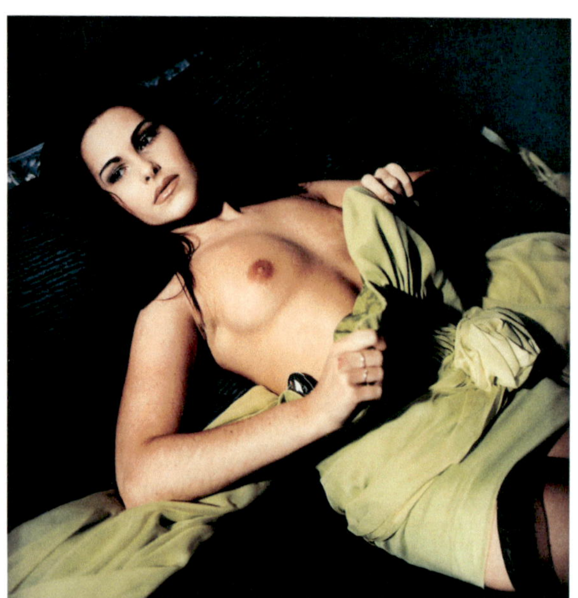

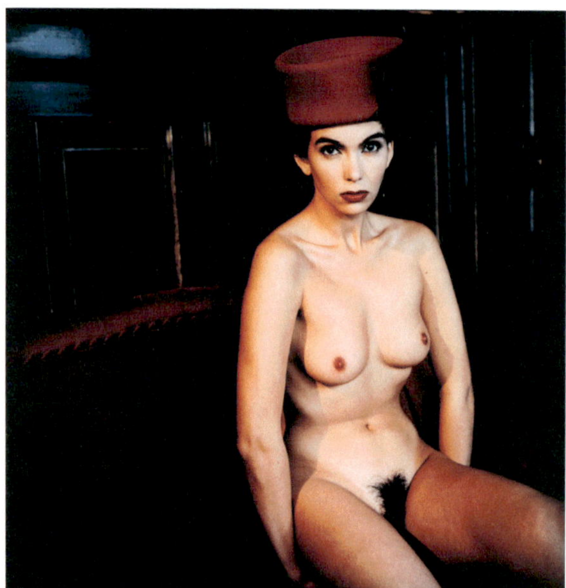

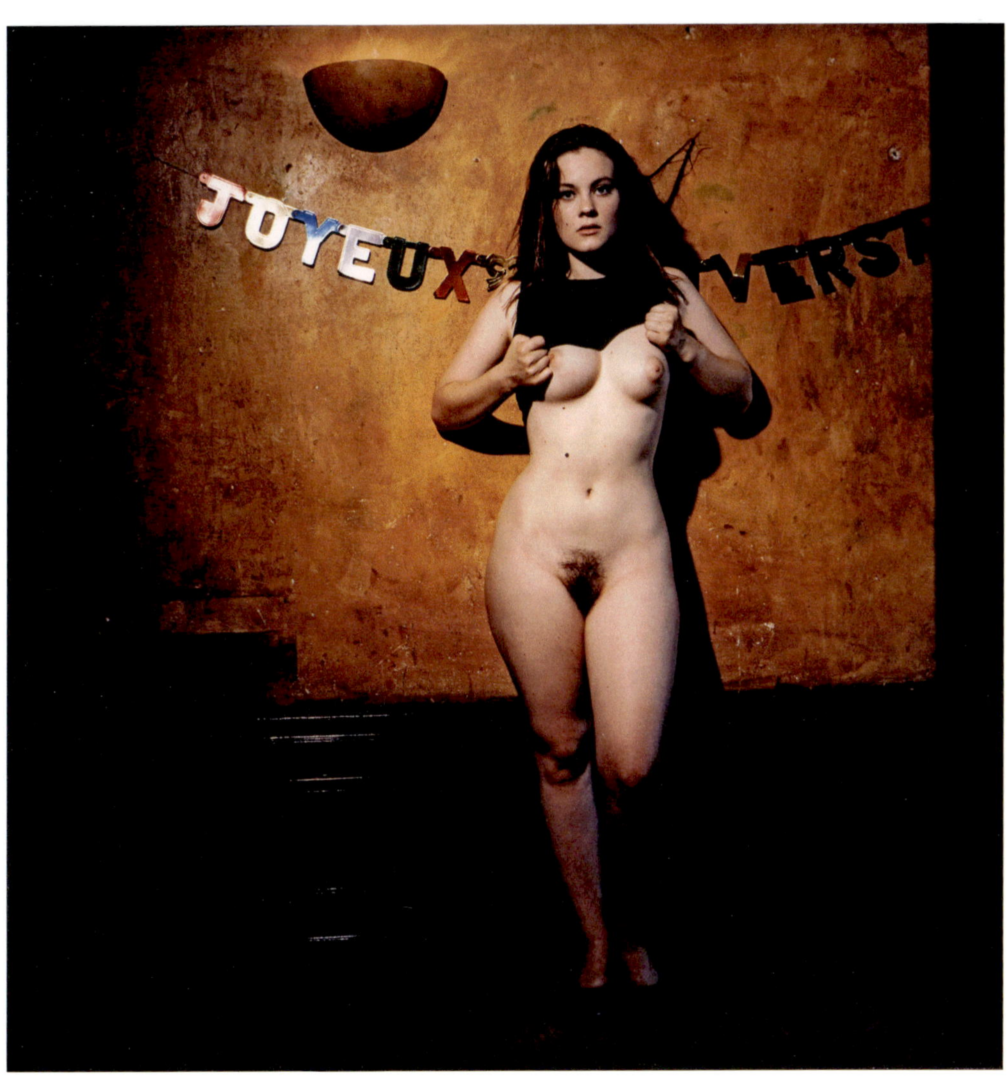

Bettina Rheims

21 novembre, Paris
aus der Serie/from the
series „Chambre Close"
1991, C-Print
78×78 cm

14 mars II, Paris
aus der Serie/from the
series „Chambre Close"
1991, C-Print
78×78 cm

18 décembre, Paris
aus der Serie/from the
series „Chambre Close"
1991, C-Print
78×78 cm
© Bettina Rheims

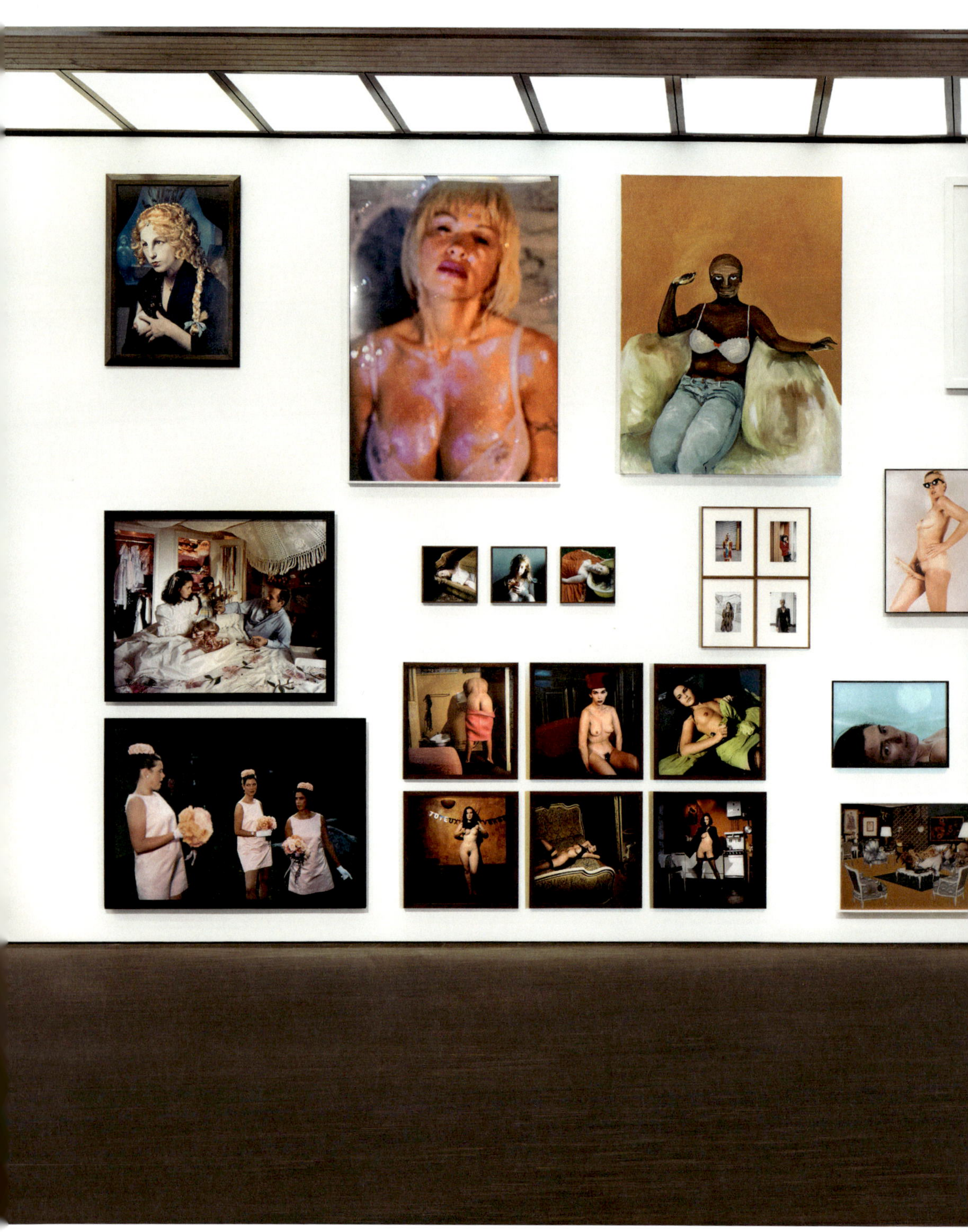

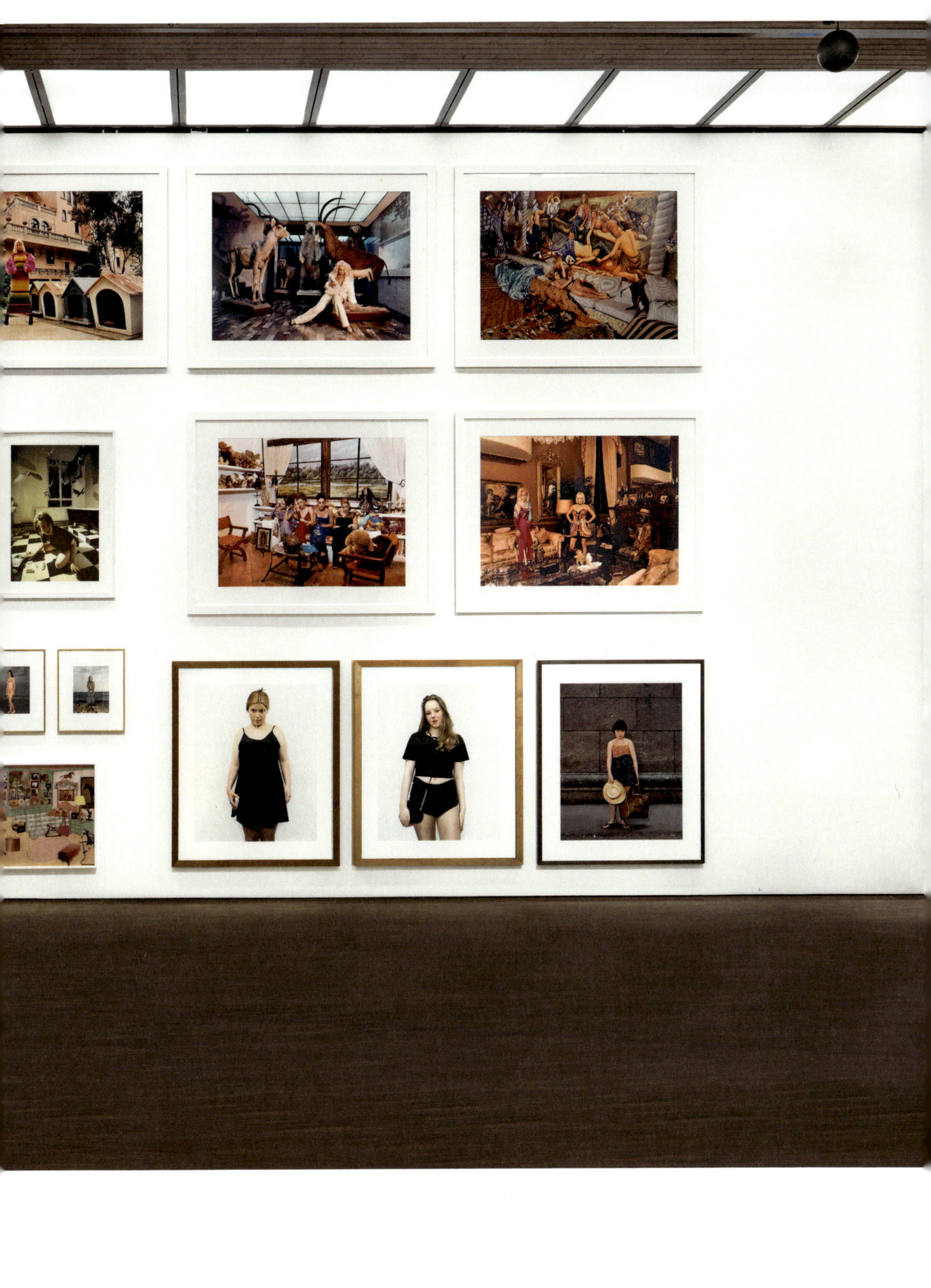

Vorige Seite/
Previous page

Installationsansicht/
Installation view

Queensize – Female
Artists from the Olbricht
Collection im/at
me Collectors Room
2014
Photo Bernd Borchardt

Marlene Dumas

Ungroomed, 2008
Öl auf Leinwand/
Oil on canvas
40 × 30 cm
Courtesy Marlene Dumas
& Galerie Paul Andriesse

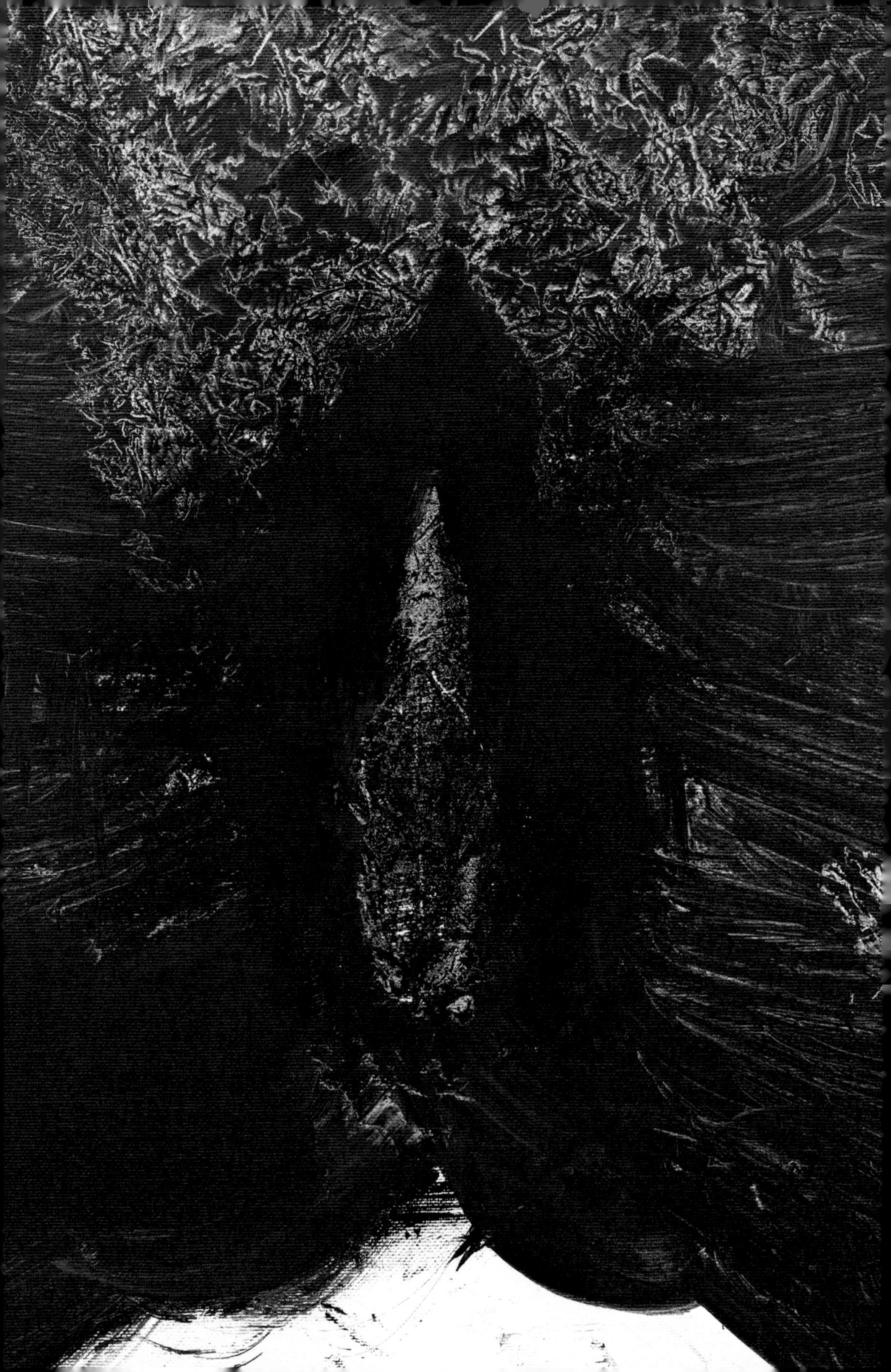

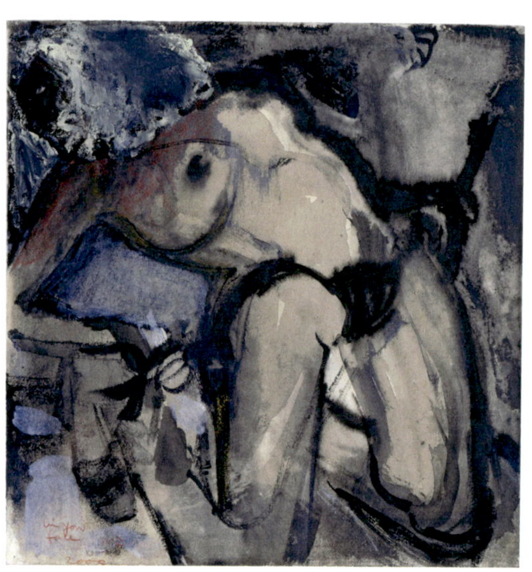

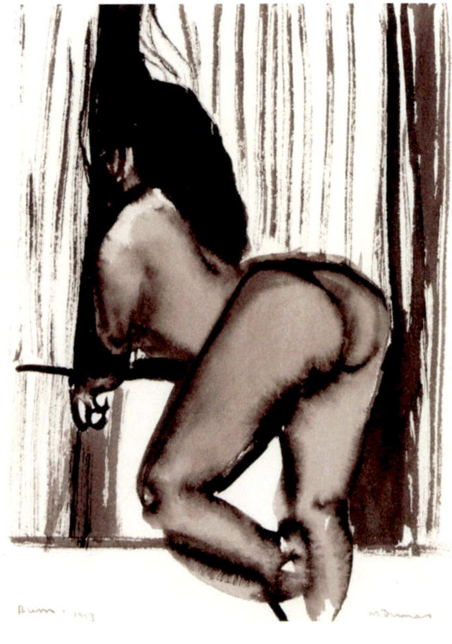

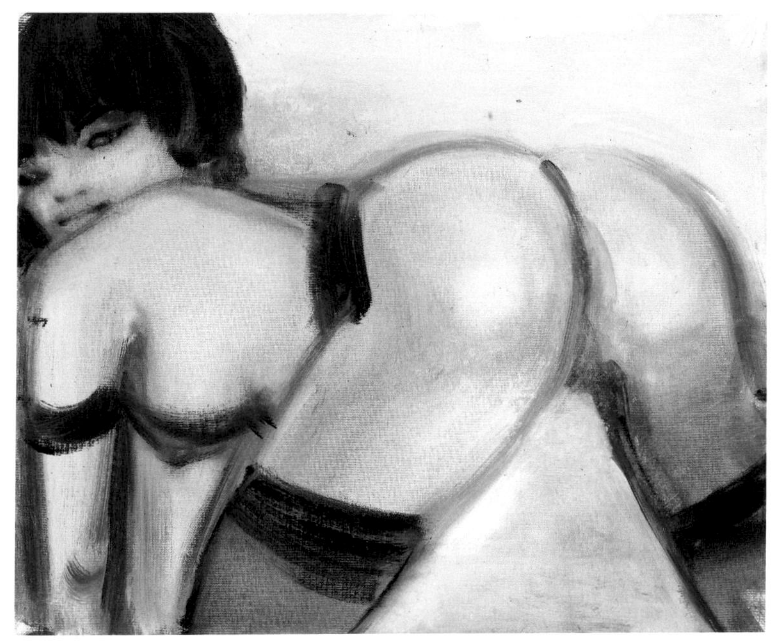

Marlene Dumas

In your face, 2000
Tusche auf Papier/
Ink on paper
38 × 37,5 cm

Bum, 1993
Tusche auf Bütten/
Ink on hand-made paper
31,7 × 24 cm

(Like a) chambermaid
1999, Öl auf Leinwand/
Oil on canvas
40 × 50 cm
Courtesy Marlene Dumas
& Galerie Paul Andriesse

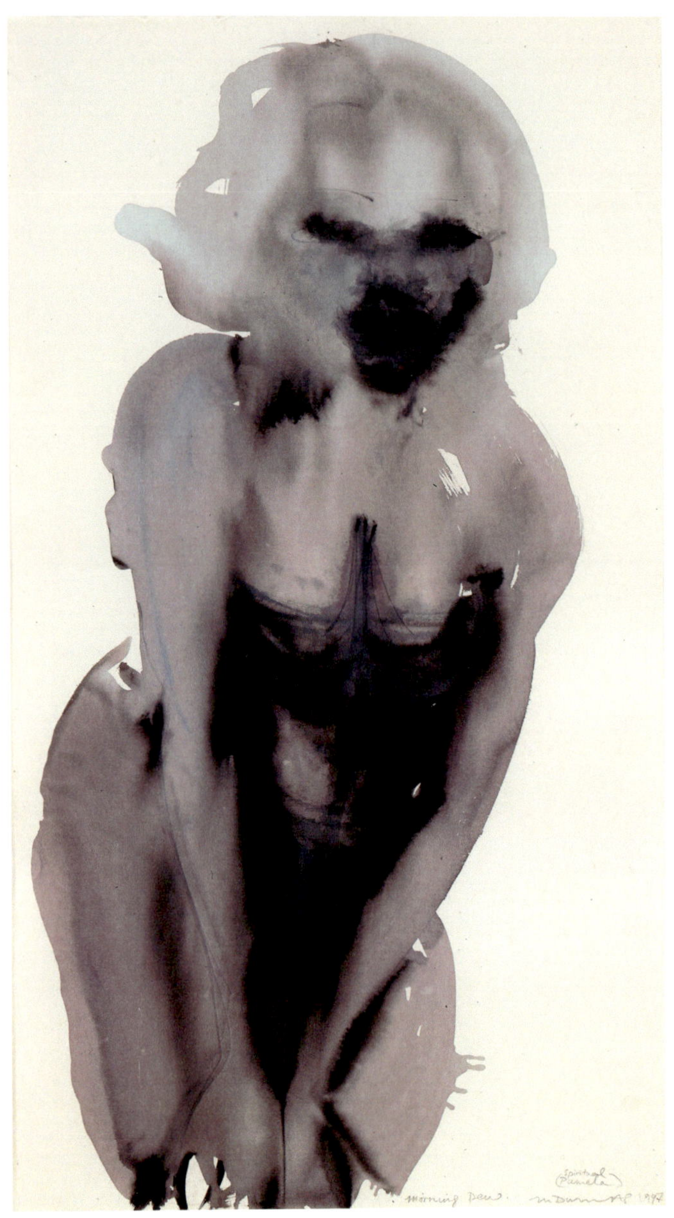

Marlene Dumas

Morning Dew, 1997
Tusche auf Bütten/Ink on
hand-made paper
125×70 cm

Willendorf, 1997
Tusche auf Bütten/Ink
on hand-made paper
127×70 cm
Courtesy Marlene Dumas
& Galerie Paul Andriesse

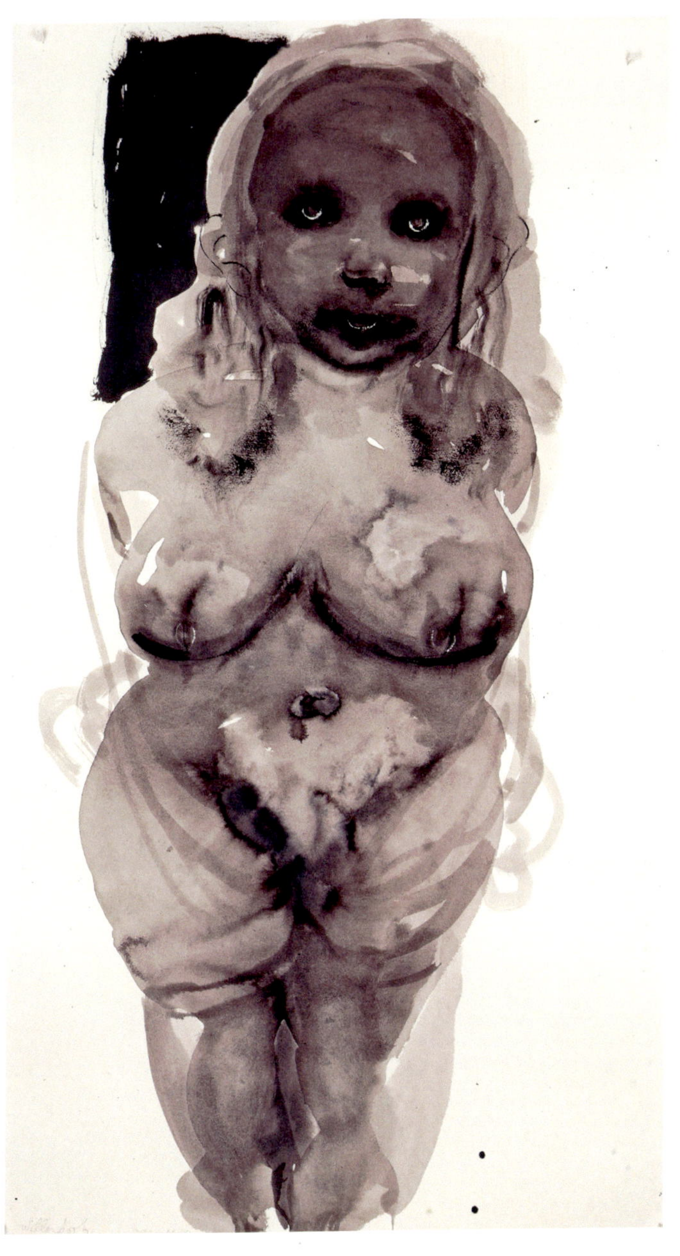

Folgende Seite/
Following page

Installationsansicht/
Installation view

Queensize – Female
Artists from the Olbricht
Collection im/at
me Collectors Room, 2014
Photo Bernd Borchardt

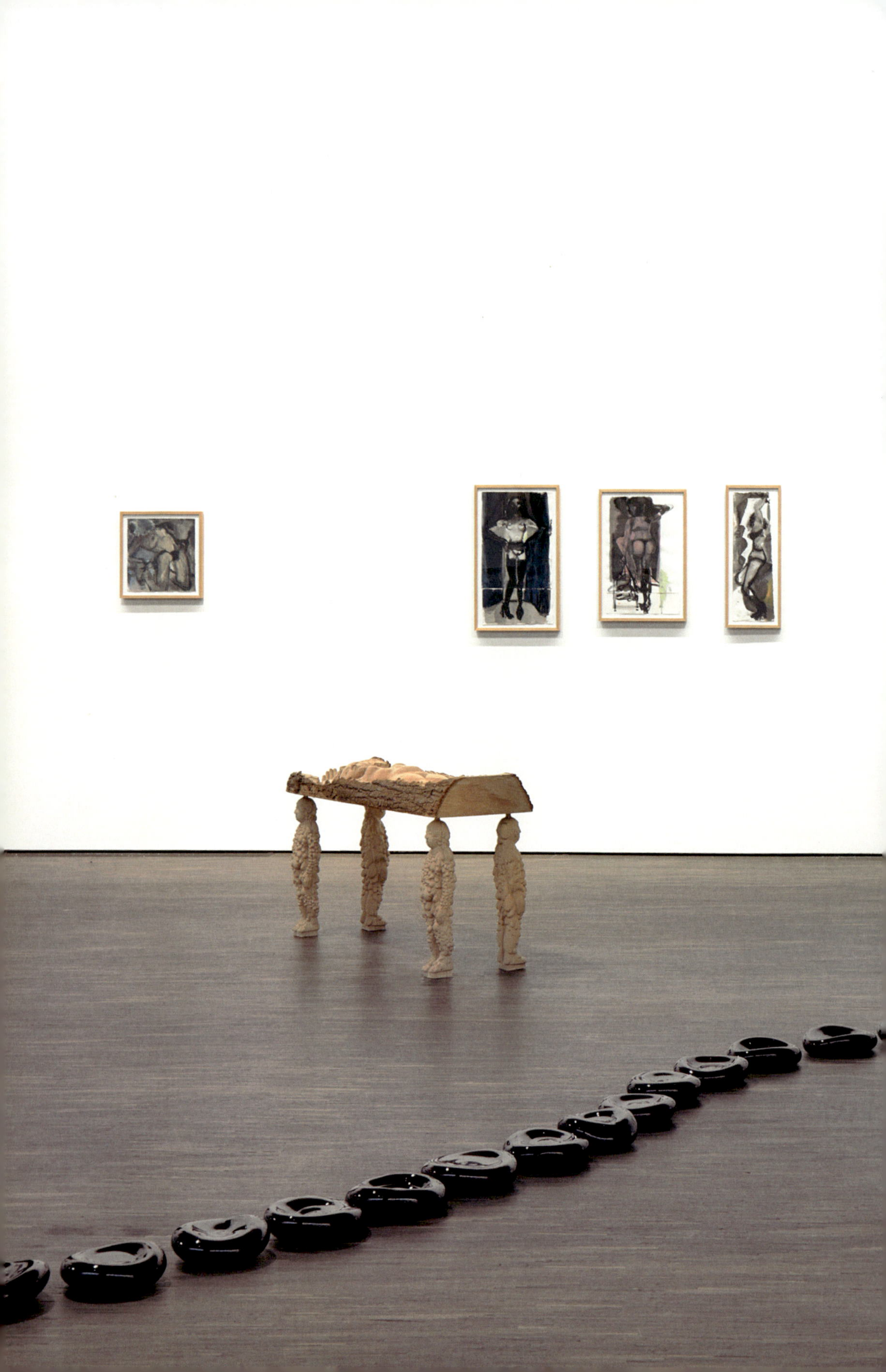

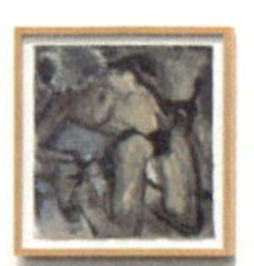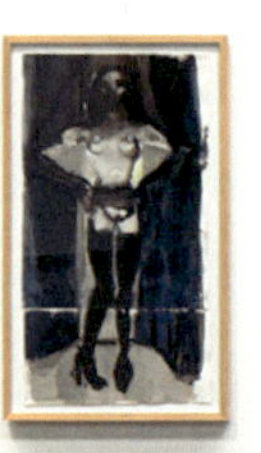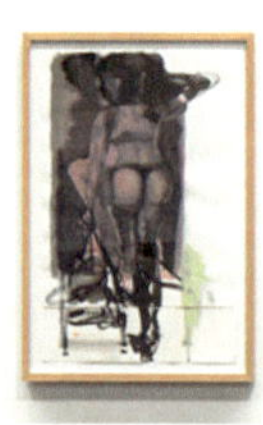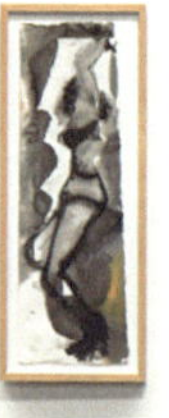

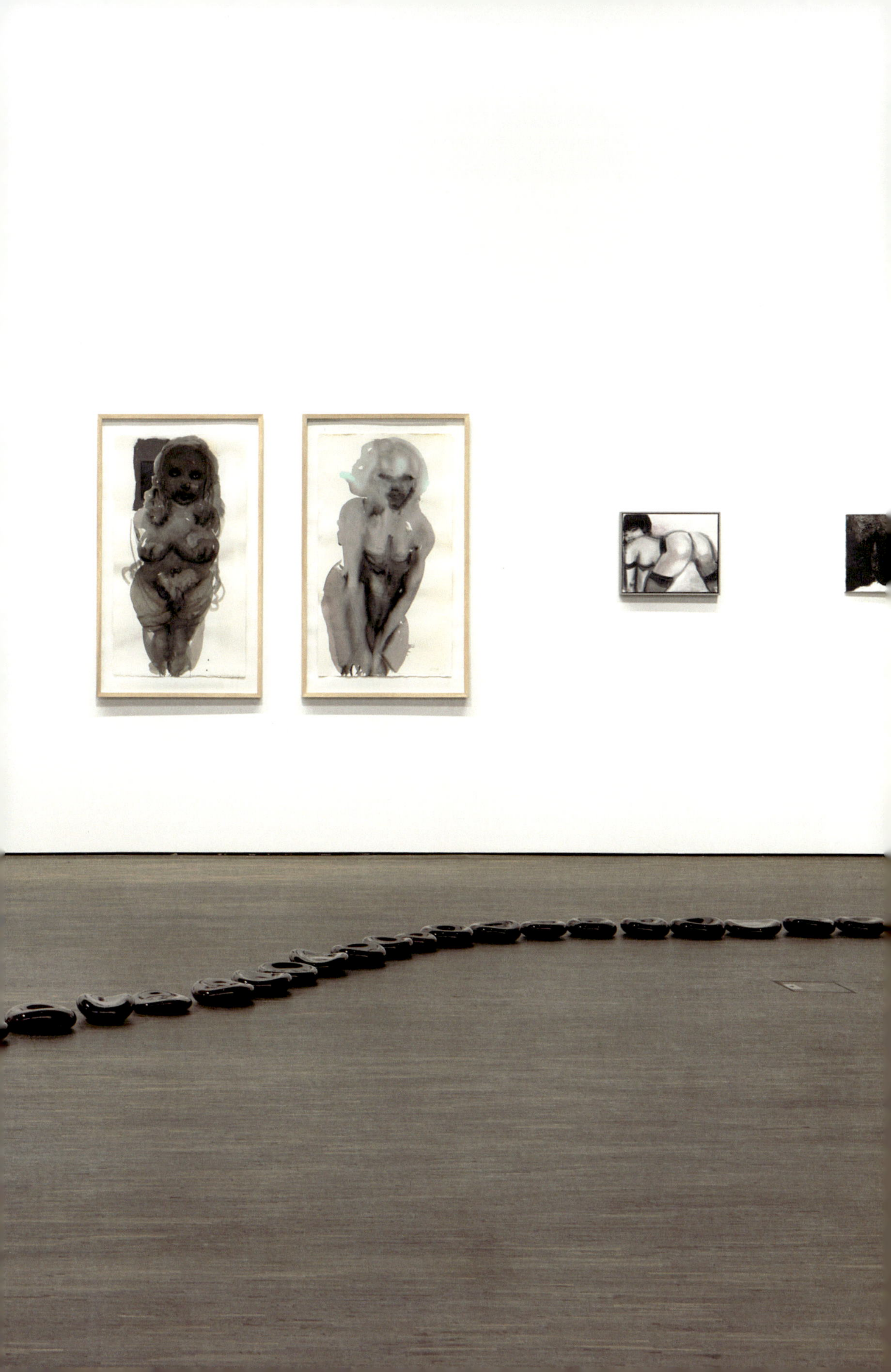

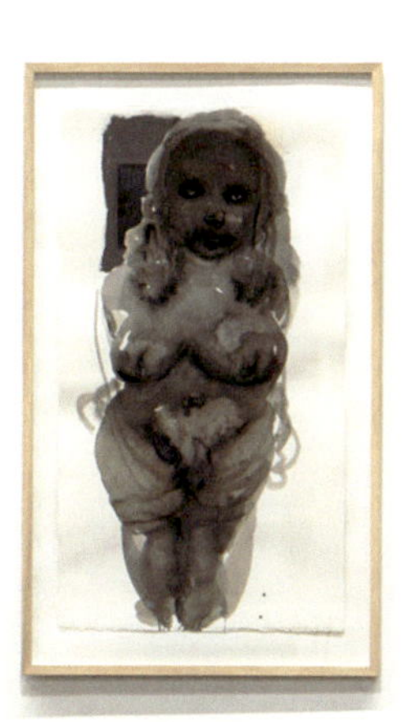
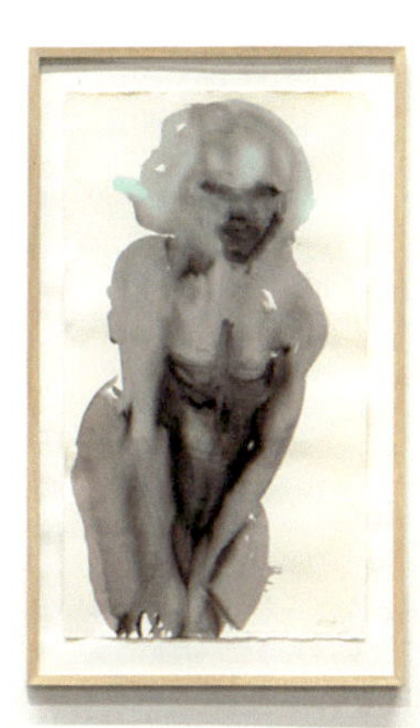
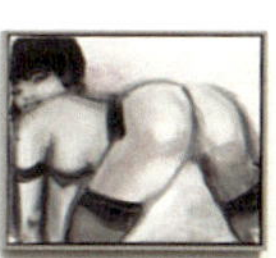
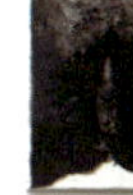

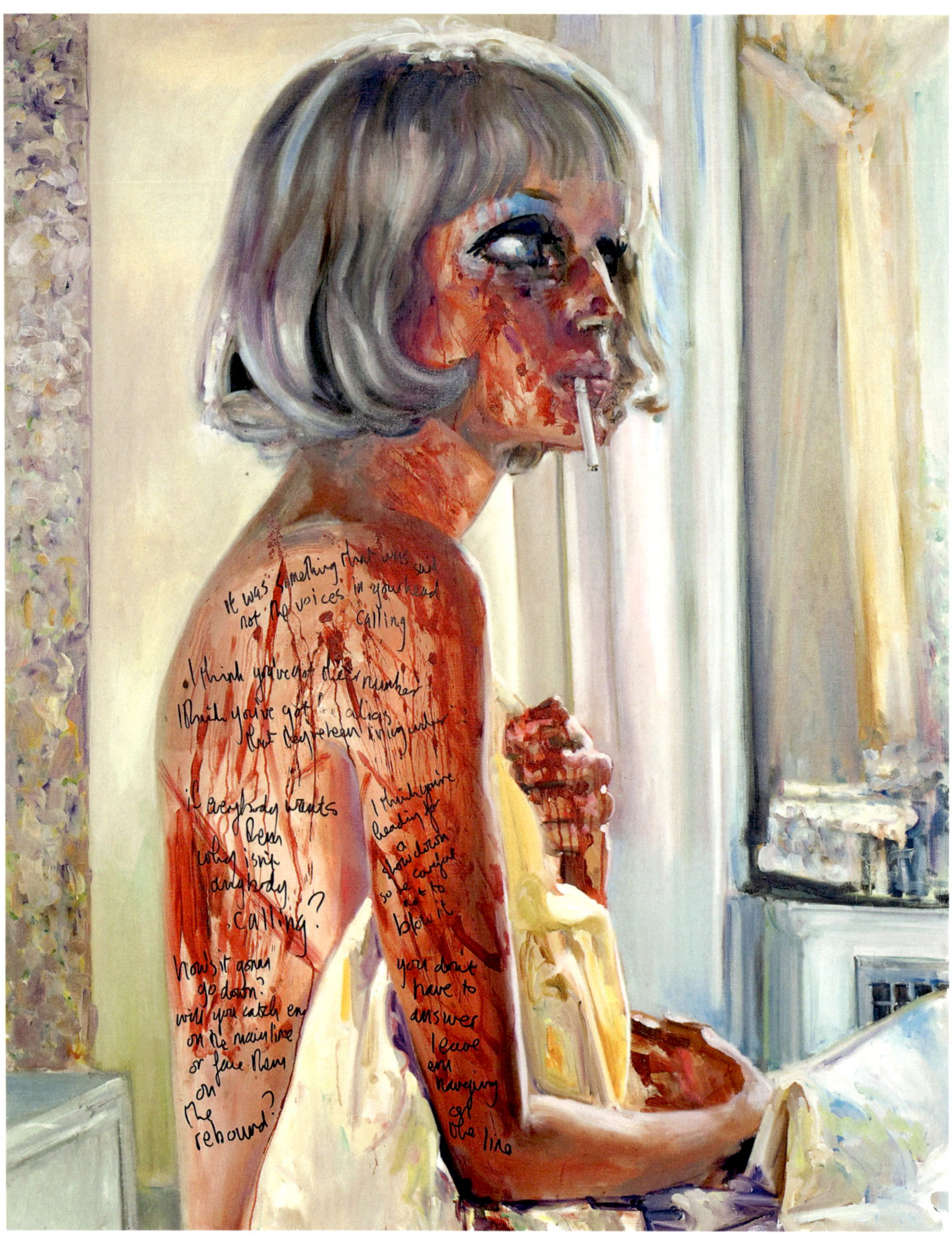

Dawn Mellor

Mia Farrow, 2010
Öl auf Leinwand/
Oil on canvas
152 × 122 cm
© Dawn Mellor

Siri Hustvedt
interviewt von
Nicola Graef

Nicola Graef (NG): In *Queensize* zeigen wir ausschließlich Künstlerinnen, da die Sammlung Olbricht über 40 Prozent Werke von Frauen enthält. Aber wenn man sich die gegenwärtige Situation in der Welt ansieht, dann sind Frauen in großen Einzelausstellungen oder Museumssammlungen nach wie vor unterrepräsentiert. Woran liegt das?

Siri Hustvedt (SH): Das ist kompliziert, denn viele Galerien werden von Frauen geleitet. Daher geht es bei dieser Unterrepräsentation von Künstlerinnen nicht um einen großen männlichen Feind. Es geht um den Markt. Die Idee, dass das künstlerische Schaffen und Genie eine männliche Angelegenheit sei, ist tief in der Kultur verwurzelt. Nach wie vor sind die meisten großen Sammler Männer. Männer, die über viel Geld verfügen. Sie haben, glaube ich – häufig unbewusste – Wertvorstellungen, zu denen auch das Gefühl zählt, dass ein Werk eines Mannes einen höheren Status hat als ein Werk einer Frau. Mit einem männlichen Namen verbindet sich eine stärkere Empfindung von Geschichte und Wert als mit einem weiblichen.

NG: In Ihrem Buch *Die gleißende Welt (The Blazing World)* heißt es: „Sie bestreiten das, aber in der Kunstwelt ist eine sich feige zurückziehende Persönlichkeit abstoßend und Narzissmus ein Magnet. Das Image des Künstlers ist Teil des Geschäfts." Meinen Sie, dass Männer bei der Selbstdarstellung besser sind?

SH: Ja, ich glaube, das stimmt. Aggressivität und Eigenwerbung werden bei Männern eher akzeptiert als bei Frauen. Eigenwerbung von Frauen gilt als unattraktiv.

NG: Soziale Verhaltenscodes wurden vor allem von männlichen Systemen bestimmt. Das System verändert sich langsam, da man sich der Folgen bewusst wird. Welche Aufgabe kommt Ihrer Meinung nach den Frauen heute zu? Sollten sie aggressiver sein? Sollten sie sich offener äußern?

SH: Das ist eine interessante Frage. Vor Kurzem war ich bei einer Veranstaltung mit der norwegischen Königin in New York. Sie interessiert sich für Künstlerinnen und unterstützt die Arbeiten von Frauen. Eine der Teilnehmerinnen, eine Museumsdirektorin, sagte: „Ich kann das Gerede von der ‚Ermächtigung‘ der Frauen in den Künsten nicht mehr hören. Warum reden wir nicht einfach darüber, wie man Macht bekommt?" Ich fand das eine kluge Unterscheidung. Denn genau darum geht es. Sollen Frauen sogenannte männliche Formen übernehmen oder sollen sie die Kultur feminisieren? Ich finde diese Zweiteilung problematisch, auch wenn ich starke Zweifel daran habe, dass es uns rasch gelingen wird, Vorstellungen von Weiblichkeit und Männlichkeit als kulturelle Größen auszulöschen. Ich meine, Männern und Frauen sollte es erlaubt sein, männliche und weibliche Seiten ihrer selbst frei und vorurteilslos auszuleben. Ich glaube nicht, dass es irgendwo in der Welt ein völlig weibliches oder ein völlig männliches Wesen gibt, außer vielleicht in Hollywood. Was die natürlichen Unterschiede zwischen den Geschlechtern betrifft, so ist das genetische und neurobiologische Bild äußerst komplex, und man bräuchte viele Stunden, um zu erklären, wie die Ideologie die Biologie durch alle Zeiten hindurch beeinflusst hat, doch das hat sie definitiv getan.

NG: In *Queensize* zeigen wir Werke von Künstlerinnen wie Cindy Sherman, Kiki Smith, Louise Bourgeois, Marlene Dumas, alles Frauen, die sehr erfolgreich sind. Sie setzen sich häufig mit weiblicher Identität auseinander, nehmen auf den weiblichen Körper Bezug. Ist das ein Zufall? Meinen Sie, dass Frauen eher dazu neigen, sich mit ihrer Physis zu befassen?

SH: Man kann auch argumentieren, dass es Künstlerinnen gibt, die das nicht tun. Joan Mitchell ist eine großartige Malerin, die emotionale Zustände untersucht, aber nicht durch Körpermotive. Ich finde, ihre Kunst hat nichts spezifisch „Weibliches". Eva Hesse stellt möglicherweise einen Grenzfall dar. Man hat ihr Werk als körperlich, weiblich und autobiografisch begriffen, doch zugleich ist es auch geometrisch, streng und unpersönlich; diese letztgenannten drei gelten normalerweise als männliche Eigenschaften. Wenn man Eva Hesses Werk mit einem männlichen Namen versehen würde, *sähe* es anders *aus*. Niemand würde annehmen, es sei die Kunst einer Frau. Wenn Frauen Kunst mit harten Kanten machen, dann verletzen sie das Klischee, wonach sie runde, weiche Kunst machen sollten. Doch das sollte runde, weiche Formen, die von Künstlerinnen gemacht werden, nicht in Verruf bringen. Louise Bourgeois hat viele anatomische Werke gemacht, die künstlerische Stereotypen verletzten und extrem innovativ sind.

NG: Viele Künstlerinnen diskutieren offen die Notwendigkeit einer Veränderung in der Kunstwelt, der Rolle der Frau in der Kunstwelt.

SH: Im Lauf der gesamten Geschichte wurde Kunst von Frauen an den Rand gedrängt, ganz unabhängig davon, wie erfolgreich ihre Werke zu ihrer Zeit waren. Ich warte immer noch darauf, dass jemand von einem „männlichen Künstler" oder einem „wichtigen männlichen Künstler" spricht. Simone de Beauvoirs Analyse bleibt wahr: Männlichkeit hat einen Anspruch auf Universalität, Weiblichkeit nicht. Streben wir nach einer besonderen Form weiblicher Kunst, die die patriarchalische Kultur ändern wird, oder hoffen wir, dass die Hälfte der Weltbevölkerung – Frauen – einen Anspruch auf ihre eigene Universalität erheben wird? Ich weiß es nicht. Ich weiß, dass ich mich in meinem eigenen Werk nicht in irgendeiner Weise einschränken lassen möchte. Ich möchte nicht, dass irgendwer mir sagt, was ich tun und was ich lassen soll. Ich möchte als Frauen und Männer, als alte und junge, als schwarze und weiße Menschen schreiben. Ich möchte viele verschiedene Stimmen, viele verschiedene Blickwinkel, die mich aus Sackgassen herausführen. Diese Polyphonie ist der Weg meiner Freiheit.

NG: In *Queensize* gibt es eine ganze Wand mit Fotografien, auf denen Fotografinnen weibliche Identität auf unterschiedliche Weise darstellen. Wie schwierig ist es für Frauen, eine weibliche Darstellung zu überwinden, die sich vor allem mit den Klischees einer männlich dominierten Wahrnehmung befasst, einer Wahrnehmung, die sich meist auf den Körper bezieht?

SH: Es gibt zahllose Studien sowohl in der Psychologie als auch in der Neurowissenschaft, die bestätigen, dass wir hauptsächlich das sehen, was wir zu sehen erwarten. Wir nehmen die Welt durch die größtenteils unbewussten Muster wahr, die wir in der Vergangenheit erlernt haben und daher erwarten. Wir nehmen die Welt auf kreative Weise wahr, nicht passiv.

NG: Was zur Folge hat, dass wir Frauen mittels bestimmter Muster betrachten.

SH: Absolut!

NG: Welche sind das?

SH: Die tief verwurzelte Idee, dass die Frau Natur und Körper ist und der Mann Kultur und Geist, besteht weiterhin. Ich glaube, dass das mit Schwangerschaft und Geburt zu tun hat. Wir alle waren als Fötus völlig vom Körper einer Frau abhängig. Wir alle wurden vom Körper ebendieser Frau geboren und sind noch lange nach der Geburt von ihr und anderen abhängig. Diese Abhängigkeit ist in der westlichen Kultur, die einen so hohen Wert auf Autonomie legt, zu einer Art unerfreulichen und unterdrückten Wahrheit geworden.

NG: Glauben Sie, dass Frauen wegen ihrer engen Beziehung zu ihrem Körper ein spezifisches Muster in ihrer Wahrnehmungsmatrix haben, weil sie Dinge wie Menstruation, Gebären, Menopause erleben?

SH: Ich glaube, Frauen haben den Mythos weitgehend übernommen. Menstruation, Schwangerschaft, Geburt sind etwas spezifisch Weibliches, und diese physiologische Realität beeinflusst uns sehr, besonders wenn wir Kinder haben, doch der misogynistischen Fantasie zufolge haben Männer saubere, trockene Körper und Frauen sind irgendwie verunreinigt. Männer koten, urinieren, schwitzen, spucken, weinen, produzieren Samen, verlieren also genauso Flüssigkeiten wie Frauen. Auch sie sind Hormonschwankungen unterworfen, doch die Idee, sie seien irgendwie weniger „natürlich" als Frauen, ist absurd.

NG: Wenn ich an die jüngere Generation denke mit den ganzen digitalen Erfahrungen, einer Welt, die aus einem ständigen Bilderfluss, einer ständigen Selbstdarstellung besteht, und wenn man sich Instagram und Facebook ansieht, dann konzentrieren sich Mädchen und junge Frauen dort bei ihrer Selbstdarstellung oft darauf, möglichst sexy auszusehen.

SH: Ich finde das beunruhigend. Die Populärkultur scheint Klischees von Weiblichkeit und Männlichkeit heftiger zu verstärken als je zuvor. Der Druck auf Mädchen, durch ihr Erscheinungsbild, durch eine

Disziplinierung, ja häufig Bestrafung ihrer Körper Macht auszuüben, bleibt furchterregend. Gleichzeitig wurde ein Teil davon auch auf Männer ausgedehnt, der Aufstieg des Metrosexuellen. Ich habe das Gefühl, man sollte das Spiel mit der Kleidung, das (Aus-) Üben als Lust, nicht als Leid, bei beiden Geschlechtern ermutigen. Zugleich fasziniert mich die Idee, dass der Intellektuelle ein Nicht-Körper ist. Das ist einer der Gründe dafür, dass das weibliche Genie ein Oxymoron bleibt. Wenn eine Frau ein Körper ist, wie kann sie dann Geist sein? Wenn ein Mann in der Kunst ein komplexes intellektuelles Werk hervorbringt, wird ihm wesentlich mehr Anerkennung zuteil, als wenn eine Frau gleichermaßen anspruchsvolle Kunstwerke schafft. Die Rezeption von Kunst ist zwangsläufig sexuell codiert.

NG: Müssen sich Künstlerinnen notgedrungen stärker als ihre männlichen Kollegen damit auseinandersetzen, dass sie als Frauen wahrgenommen werden?

SH: Ja. Ich meine, Frauen reagieren auf die Tatsache, dass sie ständig als Künstlerinnen angesehen werden, und nicht einfach nur als Künstler. Ich selbst habe es so satt und bin der Tatsache so überdrüssig, dass alles immer wieder auf „männlich" und „weiblich" reduziert wird. Ich könnte einem Club für große Menschen oder für blonde Menschen oder für Menschen mit Migräne beitreten, doch bei mir als weißer, der Mittelschicht angehörender Frau ist das Geschlecht das erste Merkmal, das man zur Kenntnis nimmt. Ich möchte diese Zweiteilung niederreißen. Und ich glaube, Kunst ist eine Möglichkeit, dies zu tun.

NG: Wir leben derzeit in einer massiv krisenreichen Situation. Terror, Krieg, Gewalt und eine endlose Zahl von Flüchtlingen. Und auch wenn man bedenkt, dass es auch Frauen gibt, die als Soldatinnnen arbeiten, beispielsweise in Israel, oder sich sogar IS anschließen, sind Frauen in diesen Kriegsszenarien wieder sehr stark zurückgeworfen und werden Opfer schwerster Misshandlungen.

SH: Die Statistik scheint deutlich zu zeigen, dass Frauen und Kinder jetzt in stärkerem Maße als Männer zu Opfern werden. Zugleich sind heute Frauen an vielen Orten in der Welt Teil von Kampfeinheiten. In den Vereinigten Staaten ist das besonders interessant, weil wir kein Land sind, das allen Bürgern die Betreuung kleiner Kinder garantiert. Von Frauen wird nach wie vor erwartet, dass vor allem sie sich um ihre Kinder kümmern, und dennoch verlassen einige von ihnen diese Kinder, um in Kriegen zu kämpfen. Das ist nicht frei von Ironie. Eine Gesellschaft als Ganzes muss an ihre nächste Generation denken und sicherstellen, dass man sich um diese Kinder kümmert.

NG: Glauben Sie, dass das System des Krieges ein männliches System ist?

SH: Traditionell waren es Männer, die in den Krieg gezogen sind. Das galt auch für Stammeskulturen. Gewalt und Männlichkeit sind miteinander verknüpft. Doch interessanterweise scheinen Frauen in Machtpositionen, etwa als Staatsoberhäupter, nicht völlig anders zu handeln als Männer. Ich sehe nicht, dass sie großherziger sind oder in weniger starkem Maße zu Rivalität oder Gewalt neigen.

NG: Was implizieren würde, dass in den Krieg zu ziehen und aggressiv zu sein, nichts typisch Männliches oder Weibliches ist?

SH: So sehr sie sich auch bemüht haben, ist es Wissenschaftlern doch nicht gelungen, einen Zusammenhang zwischen Testosteron und Aggressivität beim Menschen zu konstatieren. Bei männlichen Ratten wurde Testosteron mit Dominanz in Verbindung gebracht, aber Dominanz ist nicht dasselbe wie Aggressivität, und eine Verbindung mit Männern herzustellen, hat sich als extrem schwierig erwiesen. So oder so ist es unmöglich, einen Menschen oder irgendeinen Organismus aus seiner Umgebung zu entfernen. Man kann sich nicht einmal abstrakt ein Lebewesen ohne Ort vorstellen. Es geht nicht darum, dass es keinen Unterschied zwischen Männern und Frauen gibt, sondern darum, wie groß dieser Unterschied ist und wie wir ihn definieren.

NG: Glauben Sie, dass sich Männer von Künstlerinnen bedroht oder

zumindest irritiert fühlen, die den
Körper offen und direkt zeigen,
Gewalt inbegriffen?

SH: Während eines Großteils der
Geschichte der westlichen Kunst hat
diese ihr Augenmerk auf die weibliche
Form, insbesondere den Akt gerichtet.
Auch wenn wir einräumen müssen,
dass sich die Griechen wesentlich
mehr für den männlichen Körper
interessierten. Der junge männliche
Akt war der Inbegriff von Anmut und
Schönheit, nicht der weibliche Akt.
Die Griechen beschäftigen uns bis
heute, doch der weibliche Körper hat
eine lange Geschichte als Gegenstand
des „männlichen Blicks", um eine
vertraute Formulierung aus der
feministischen Theorie zu zitieren.
Wenn Frauen sich selbst der Reprä-
sentation bemächtigen, dann wird
das immer manche Leute einschüch-
tern. Es gibt nach wie vor eine bei
Männern und Frauen tief verwurzelte
Vorstellung, dass Männer führen
und Frauen folgen sollen. Die Frau,
die beschließt zu führen, wird
um sich herum Unruhe verbreiten.
Frauen wurden lange zur Unterwür-
figkeit angehalten. Das sei nicht
erniedrigend, sondern „natürlich".
Männer hingegen sind an Machtpositionen gewöhnt und erfahren daher
eine stärkere Erniedrigung, wenn
sie von einer Frau verdrängt werden.
Es ist nicht so, als ob ich dafür kein
Verständnis hätte. Bruno, eine Figur
in *Die gleißende Welt (The Blazing
World)*, vertritt die Auffassung,
für einen Mann sei es härter zu
scheitern. Was er jedoch nicht ganz
begriffen hat, ist, dass es für Frauen

deshalb leichter ist zu scheitern,
weil man von ihnen von Anfang an
nicht erwartet, dass sie so ambitio-
niert wie Männer sind.

NG: Was wäre eine gute Zukunft für
Künstlerinnen?

SH: Die Zukunft liegt in unserer
Freiheit, Künstlerinnen zu sein. Wenn
das bedeutet, Fragen von Weiblichkeit
oder die besonderen Gewohnheiten
der Meeresschildkröten zu erkunden,
dann sei dem so.
Weiße männliche Künstler hatten
eine außerordentliche Freiheit,
die die meisten Frauen und Farbigen
nicht hatten. Ich glaube nicht, dass
man sich als männlich identifiziert,
wenn man in seinem Werk nach
Freiheit strebt, wie einige Feministinnen behaupten. Es sollte bedeuten,
dass es einem *freisteht*, männliche
und weibliche Seiten des Selbst und
der Kultur zu erkunden. Um gute
Kunst zu machen, so scheint mir,
muss man verschiedene Perspektiven
einnehmen. Wenn man sich in seiner
eigenen kleinen Welt einschließt
und aus einem einzigen Blickwinkel
arbeitet, dann wird daraus nicht
viel Gutes entstehen.

NG: Es ist wichtig, die Diskussion
fortzusetzen, für alle Formen von
Identität offen zu sein.

SH: Ich habe keine endgültigen
Antworten. Ich bin nach wie vor
verwirrt, aber es braucht offene
Diskussionen und Auseinanderset-
zungen, und zwar nicht nur inner-
halb der Universitäten. Ich habe

festgestellt, dass ironischerweise genau die Regionen in der Welt, die sich am meisten dafür interessieren, über den Feminismus zu sprechen, jene Länder sind, wo die Frauen am freisten sind. In Skandinavien ist der Feminismus sehr präsent. Die Leute sprechen ständig darüber. In Ländern, wo es viel mehr Sexismus gibt, Frankreich und Italien etwa, finden nur selten Diskussionen statt; häufig werden sie unterdrückt und als lächerlich abgetan. Mehr als einmal haben mir Männer in diesen Ländern gesagt, in ihren Kulturen gäbe es keinen Sexismus. Ich bezweifle nicht, dass sie das glauben, aber sie haben nicht wirklich gründlich darüber nachgedacht. Die Unbewusstheit ist der Feind. Solange wir alle, Frauen und Männer, uns nicht unserer eigenen Vorurteile bewusst werden, werden wir nicht imstande sein, sie zu thematisieren.

NG: Ich finde es interessant, dass es sehr schwierig geworden ist, sich als „Feminist(in)" zu bezeichnen. Da gibt es diese Bilder der Sechziger und Siebziger, als die Frauen im Westen massiv und zum Teil Männer ablehnend, auch aggressiv für ihre Rechte kämpften, sicher auch viel stärker als heute kämpfen mussten. Heutzutage, zumindest in der westlichen Welt, ist das Wort bisweilen fast wie ein Vorwurf, verpönt, ungern genutzt.

SH: Ich ziehe meinen Hut vor Beyoncé dafür, dass sie dieses Wort stolz im Munde führt. Das trägt dazu bei, dass es wieder seinen angemessenen Platz in unserem Vokabular erhält. Frag dich doch mal, warum „Feminismus" ein schmutziges Wort geworden sein soll? Warum sollte es etwas Schlechtes sein, Gelegenheiten für größere menschliche Freiheit zu schaffen? Natürlich hat es mit der Vorstellung zu tun, dass Feministinnen laute, wütende, hässliche Hexen sind. Dem Feminismus ein hässliches Image zu verpassen, ist ein Zeichen der kulturellen Furcht vor Frauen, und es ist auch eine Methode, sie „auf ihren Platz" zu verweisen. Wer möchte schon als laut, wütend und hässlich gelten? Frauen haben davor besonders Angst. Das ist etwas, das man bedenken muss. Gibt es keine lauten, wütenden, hässlichen Männer, die ihr Maulheldentum vor sich hertragen?

NG: Vielleicht brauchen wir mehr Männer, die sagen, dass sie Feministen sind.

SH: Ich glaube, es ist nötig, dass Männer sagen, dass sie Feministen sind. Und es gibt auch viele Männer, die sagen, dass sie Feministen sind. Aber sie müssen das laut und deutlich tun.

NG: Dann hätten wir eine gute Koalition. Danke, Siri Hustvedt.

Siri Hustvedt ist eine der bedeutendsten Schriftstellerinnen unserer Zeit. Ihre Romane, u. a. *Was ich liebte, Die Leiden eines Amerikaners, Die zitternde Frau,* sind in zahlreiche Sprachen übersetzt und vielfach ausgezeichnet worden. Außerdem schreibt sie regelmäßig über Kunst, Psychologie und Neurowissenschaften. In ihrem aktuellen Roman *Die gleißende Welt* beschäftigt sie sich aus mehreren Perspektiven mit der Rolle der Frau in der Kunstwelt. Hustvedt lebt in Brooklyn mit ihrem Mann Paul Auster, die beiden haben eine Tochter.

Das Gespräch zwischen Siri Hustvedt und Nicola Graef entstand im Herbst 2014 in New York. Die beiden lernten sich anlässlich des Dokumentarfilms *Mein Leben – Siri Hustvedt* (2010) kennen, bei dem Nicola Graef Regie führte.

Siri Hustvedt
interviewed by
Nicola Graef

Nicola Graef (**NG**): In *Queensize* we only show female artists featured in the Olbricht Collection, forty percent of which is made up by women artists. But if you look at the current situation in the art world, women are still heavily underrepresented in big solo shows or museum collections. Why?

Siri Hustvedt (**SH**): It's complicated, because many galleries are run by women. So this under-representation of female artists is not about a great male enemy. It is about the market. The idea that artistic creation and genius are male domains runs very deep in the culture. It is still true that most big collectors are men, men with a lot of money to spend. They have, I think, ideas about value (often unconscious ones), which include a sense that a work by a man has greater status than a work by a woman. A male name simply carries a greater feeling of history and value than a female name.

NG: Let me quote from your book, *The Blazing World:* "They say they don't, but in the art world a cowardly shrinking personality is repellent and narcissism is a magnet. The artist's persona is part of the sell." Do you think men are more capable of representing themselves?

SH: Yes, I think that's true. Aggression and self-promotion are more acceptable in men than in women. Self-promotion in women is seen as unattractive.

NG: Social codes have predominantly been built up by male systems. The system is slowly changing through an awareness of the implications of this. What do you think is the task for women now? Do they have to be more aggressive? Do they have to be more outspoken?

SH: That's an interesting question.
I was at a meeting with the Queen
of Norway in New York City not long
ago. She's interested in women in
the arts and has worked to promote
work by women. One of the
participants, a woman who runs
a museum, said, "I am tired of
hearing about 'empowering' women
in the arts. Why not just talk about
getting power." I thought that was
a nice distinction. The argument
turns on exactly this. Is it the job
of women to adopt so-called male
forms or is it the job of women to
feminize the culture? I have trouble
with this binary, although I very
much doubt that we will swiftly
eliminate ideas of femininity and
masculinity as cultural entities.
I think what should happen is that
men and women be allowed to freely
and without prejudice explore
masculine and feminine aspects
of themselves. I do not think there
is a wholly feminine or wholly
masculine being anywhere in the
world, except possibly in Hollywood.
As for natural differences between
the sexes, the genetic and neurobio-
logical picture is extremely complex,
and it would take hours to explain
how ideology has affected biology
through the ages, but it certainly has.

NG: In *Queensize* we show works
by artists like Cindy Sherman, Kiki
Smith, Louise Bourgeois, Marlene
Dumas. These are all women who are
or have been very successful, after
all. They often deal with female
identity, refer to the female body.
Is that a coincidence? Do you think

women are more able to deal with
their physical being?

SH: One can also argue that there are
women artists who don't do that.
Joan Mitchell is a great painter who
explores emotional states but not
through body imagery. I don't find
anything particularly "feminine"
about her art. Eva Hesse may
represent a borderline case. Her
work has been understood as bodily,
feminine, and autobiographical,
but it is also geometric, rigorous,
and impersonal—the latter three
are usually thought of as masculine
qualities. If you attached a male name
to Eva Hesse's work, it would *look*
different. No one would assume it
was a woman's art. When women
make art with hard edges, they break
the stereotype that assumes they
should make round, soft art, but that
should not discredit round soft shapes
made by women artists. Louise
Bourgeois made many anatomical
works which also broke artistic
stereotypes and are profoundly
innovative.

NG: Many female artists openly
discuss the necessity of a change in
the art world, of the female role in the
art world.

SH: Throughout history, art by
women has been pushed to the
margins, no matter how successful
their works were in their own time. I
have yet to hear anyone talk about a
"man artist" or "an important man
artist." Simone de Beauvoir's analysis
remains true: Maleness has a claim

on the universal; femaleness does
not. Are we striving for a particular
kind of woman's art that will alter
patriarchal culture or are we hoping
that half the world's population—
women—will gain some claim
of their own on universality? I don't
know. I do know that in my own work
I have no interest in being limited
in any way. I don't want anyone to tell
me what I should or should not do.
I want to write as women and men,
as old people and young people, as
black people and white people. I want
multiple voices, multiple points
of view that lead me out of impasses.
This polyphony is the avenue to my
freedom.

NG: In *Queensize* there is this whole
wall of photographs where female
photographers represent female
identity in many ways. How difficult
is it for women to overcome a female
representation that is preoccupied
by a male-dominated perception,
concentrating on the body?

SH: There are countless studies in
both psychology and neuroscience
that confirm we see mostly what we
expect to see. We perceive the world
through the mostly unconscious
patterns we have learned in the past
and therefore come to expect. We are
creative, not passive perceivers of
the world.

NG: Which implies as a consequence
that we adhere to certain patterns
when looking at women.

SH: Absolutely!

NG: What are they?

SH: The deeply embedded idea
persists that woman is nature and the
body, and man is culture and the
mind. I do think this is connected to
pregnancy and birth. Every one of us
as a fetus was wholly dependent on
the body of a woman. Every one of us
was born from the body of that same
woman and is dependent on her (and
others) for a long time after birth.
This dependency has become
something of an unpleasant and
suppressed truth in Western culture,
which places such high value on
autonomy.

NG: Do you think that women have
a specific pattern in their matrix
of perception because of their close
relationship to their body?
Experiencing menstruation, giving
birth, the menopause.

SH: I think women have assumed the
myth to a large degree. Menstruation,
pregnancy, and birth are unique
to women and these physiological
realities affect us deeply, especially if
we have children, but the misogynist
fantasy is that men have clean, dry
bodies and women are somehow
polluted. Men defecate, urinate, sweat,
spit, cry, produce semen—they leak
just as women do. They, too, are
subject to hormonal fluctuations, but
the idea that they are somehow less
"natural" than women is absurd.

NG: When I think of the younger
generation, I think of their digital
experience, a world of a permanent

flow of images, of self-representation. When you look at Instagram and Facebook, girls and young women represent themselves often concentrating on their sexiness.

SH: I find it disturbing. Popular culture seems to be reinforcing stereotypes of femininity and masculinity more ferociously than ever. The pressure on girls to find their power through their appearance, through disciplining, often punishing their bodies remains terrifying. At the same time, some of this has been extended to men as well: the rise of the metrosexual. My feeling is that sartorial play, exercise as pleasure, not pain should be encouraged in both sexes. At the same time, the idea that the intellectual is a non-body fascinates me. This is one of the reasons that female genius remains an oxymoron. If woman is body, how can she be mind? In the arts, a man who produces complex intellectual work is given far more credit for it than when a woman produces equally demanding works of art. The reception of art is inevitably coded by sex.

NG: Do female artists deal with gender more intensely than male artists?

SH: Yes. I think women respond to the fact that they are continually thought of as women artists and not just artists. I am personally sick and tired of it, tired of everything being reduced to male and female. I could join a club for tall people or for blonde people or for people with migraines, but for me as a white, middle-class woman, sex is the first feature that is noticed. I want to break that binary down. And I think art is one way to do it.

NG: When we look at the political situation right now, we live in a world of crisis. Terror, war, violence, and endless numbers of refugees. Considering the fact that there are also women working as soldiers, following ISIS, women in general are thrown back to be largely mistreated as victims. This reality is also part of the work of female artists in *Queensize.*

SH: The statistics seem to make it clear that women and children are now victimized more by wars than men are. At the same time, women are now combat soldiers in many places in the world. In the United States, this is particularly interesting because we are not a country that guarantees early childcare for all citizens. Women are still expected to be the primary caretaker of their children, and yet some of them are leaving those children to fight in wars. There is an irony here. A society as a whole must think of its next generation and make sure those children are cared for.

NG: Do you think that the system of war is a male system?

SH: Traditionally it has been men who went to war. This was true in tribal cultures as well. Violence and masculinity are linked. There are far more men in prison than women. It is interesting, however, that when women find themselves in positions of power, as heads of state, for example, they do not seem to act much differently from men. I do not see that they are more magnanimous or less prone to competition or violence.

NG: Which would imply that going to war, being aggressive is not actually male or female?

SH: As hard as scientists have tried, they have been unable to link testosterone to aggression in human beings. It has been connected to dominance in male rats, but dominance is not the same thing as aggression and making a connection to human men has been immensely difficult. In all events, it is impossible to remove a human being or any organism from its environment. One can't even abstractly conceive of a being without a place. It's not that there is no difference between men and women, it's how much difference that difference makes and how we choose to frame it.

NG: Do you think that men feel intimidated by women artists who show the body openly and directly, including violence?

SH: A good part of the history of Western art has focused on the female form, the nude in particular. Although, we must acknowledge that the Greeks were far more interested

in the male body. The young male nude was the epitome of grace and beauty, not the female nude. The Greeks still haunt us, but the female body has a long history as the object of the "male gaze," to quote a familiar phrase from feminist theory. When women wrest hold of representation themselves, it will always intimidate some people. There is still a dearly held idea in both men and women that men are there to lead and women to follow. The woman who decides to lead will create turbulence around her. Women have long been adjusted to subservience. It is not humiliating; it is "natural." Men, on the other hand, have been accustomed to positions of power, and therefore suffer more humiliation if they are superseded by a woman. I am not unsympathetic to this. Bruno, a character in *The Blazing World*, argues that it is harder for a man to fail, and he has a point. What he has not fully understood is that it is easier for women to fail because they are not expected to be as ambitious as men from the very beginning.

NG: What would be a good future for women artists?

SH: The future lies in our freedom to be artists. If that means exploring questions of femininity or the peculiar habits of sea turtles, so be it. White male artists have had an extraordinary freedom that most women and people of color have not had. I don't think striving for freedom in one's work means that one is male-identified, as some

feminists would argue. It should
mean being free to explore masculine
and feminine aspects of the self
and the culture. To make good art,
it seems to me, one has to occupy
various perspectives. If you shut
yourself up in your own little world
and work from a single point of view,
not much good will come of it.

NG: It is important to continue the
discussion and be open to all forms
of identity.

SH: I have no final answers. I am still
confused, but open discussion and
debate is needed and not only inside
universities. It is ironic to me that
the places in the world I have found
to be most interested in talking about
feminism are precisely those
countries where women are most
free. In Scandinavia, feminism
is topical. People talk about it all
the time. In countries where sexism
is much worse—France and Italy,
for example—the discussion is
infrequent, often suppressed, and
considered ridiculous. I have been
told more than once by men in those
countries that their cultures are not
touched by sexism. I don't doubt they
believe it, but they haven't thought
it through. Unconsciousness is the
enemy. Until we, all of us, women and
men, become conscious of our own
prejudices, we will not be able
to address them.

NG: What I find interesting is that
it has become quite difficult to use the
term "feminist," because it feels like
this heavy burden from the sixties

and seventies, where women in the
Western world fought for their rights.
Nowadays it almost feels like a bad
word.

SH: I say *chapeau* to Beyoncé for
proudly brandishing the word.
It helps restore it to its proper place
in our vocabulary. Ask yourself why
"feminism" should have become
a dirty word? Why would opening
opportunities for greater human
freedom be bad? It is of course
associated with the idea that feminists
are loud, angry, ugly witches. Making
feminism ugly is a sign of the cultural
fear of women, and it is also a way
to keep them "in their place." Who
wants to be perceived as loud, angry,
and ugly? Women are particularly
afraid of this. It is something to
consider. Aren't there loud, angry,
ugly men who have a heroic swagger
to them?

NG: Maybe we need more men who
say that they are feminists.

SH: I think we need men to say they
are feminists. And there are many
men who do say they are feminists.
But we need them to shout if from
the rooftops.

NG: Then we would make a good
coalition. Thank you, Siri Hustvedt.

Siri Hustvedt is one of the most important writers of our time. Her novels – including *What I Loved, The Sorrows of an American,* and *The Shaking Woman or A History of My Nerves* – have been translated into dozens of languages and won numerous awards. In addition to her novels, she regularly writes about art, psychology, and the neurosciences. Her latest novel, *The Blazing World,* deals with the role of women in the art world, as viewed from multiple perspectives. Hustvedt lives in Brooklyn with her husband Paul Auster; the couple have a daughter.

The conversation between Siri Hustvedt and Nicola Graef took place in New York in autumn 2014. The two met during the filming of the documentary *Mein Leben – Siri Hustvedt* (2010), which was directed by Nicola Graef.

Dawn Mellor

Julia Roberts, 2010
Öl auf Leinwand/
Oil on canvas
91,4×61 cm
© Dawn Mellor

Folgende Seiten/
Following pages

Almut Heise

Sushi Bar, 2004–2005
Öl auf Leinwand/
Oil on canvas
105,5×130,5 cm
Courtesy of the artist

Installationsansicht/
Installation view

Queensize – Female
Artists from the Olbricht
Collection im/at
me Collectors Room
2014
Photo Bernd Borchardt

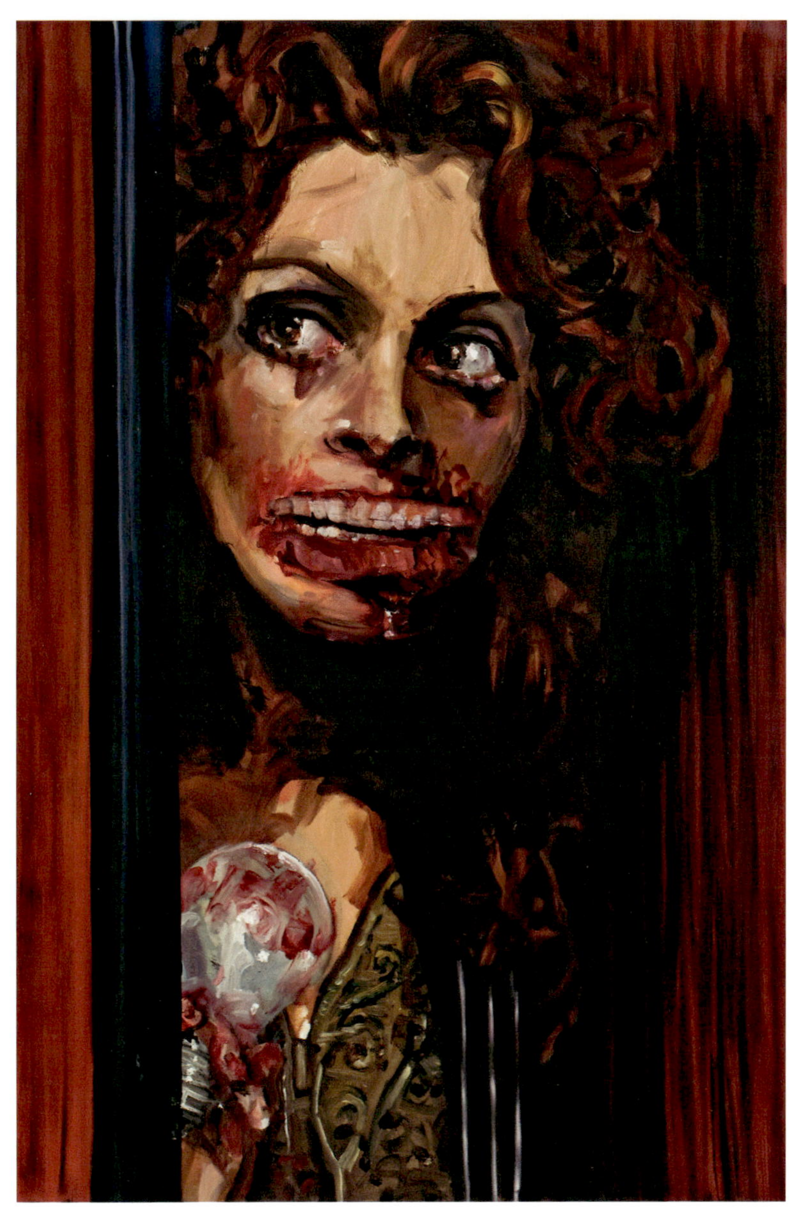

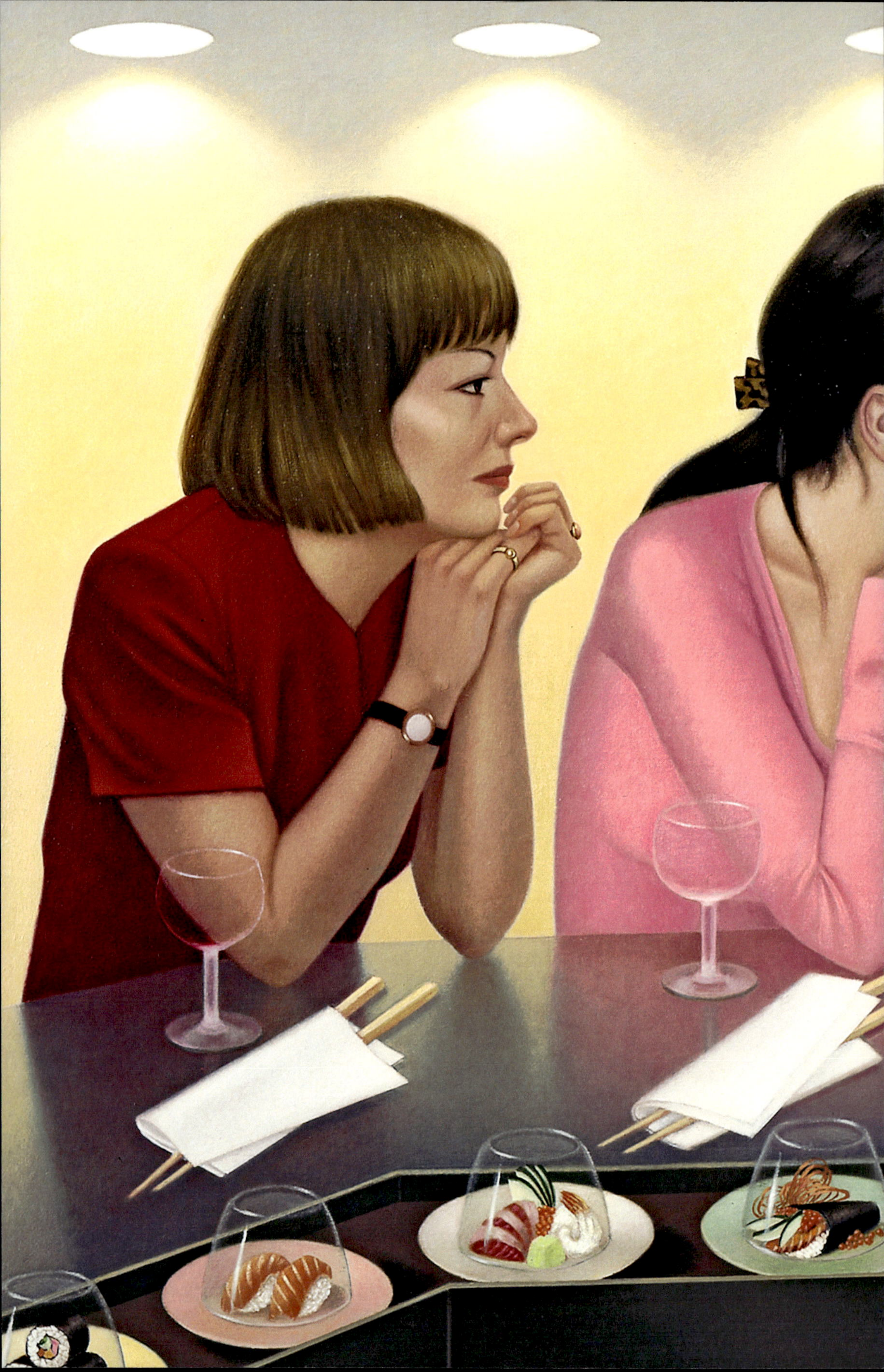

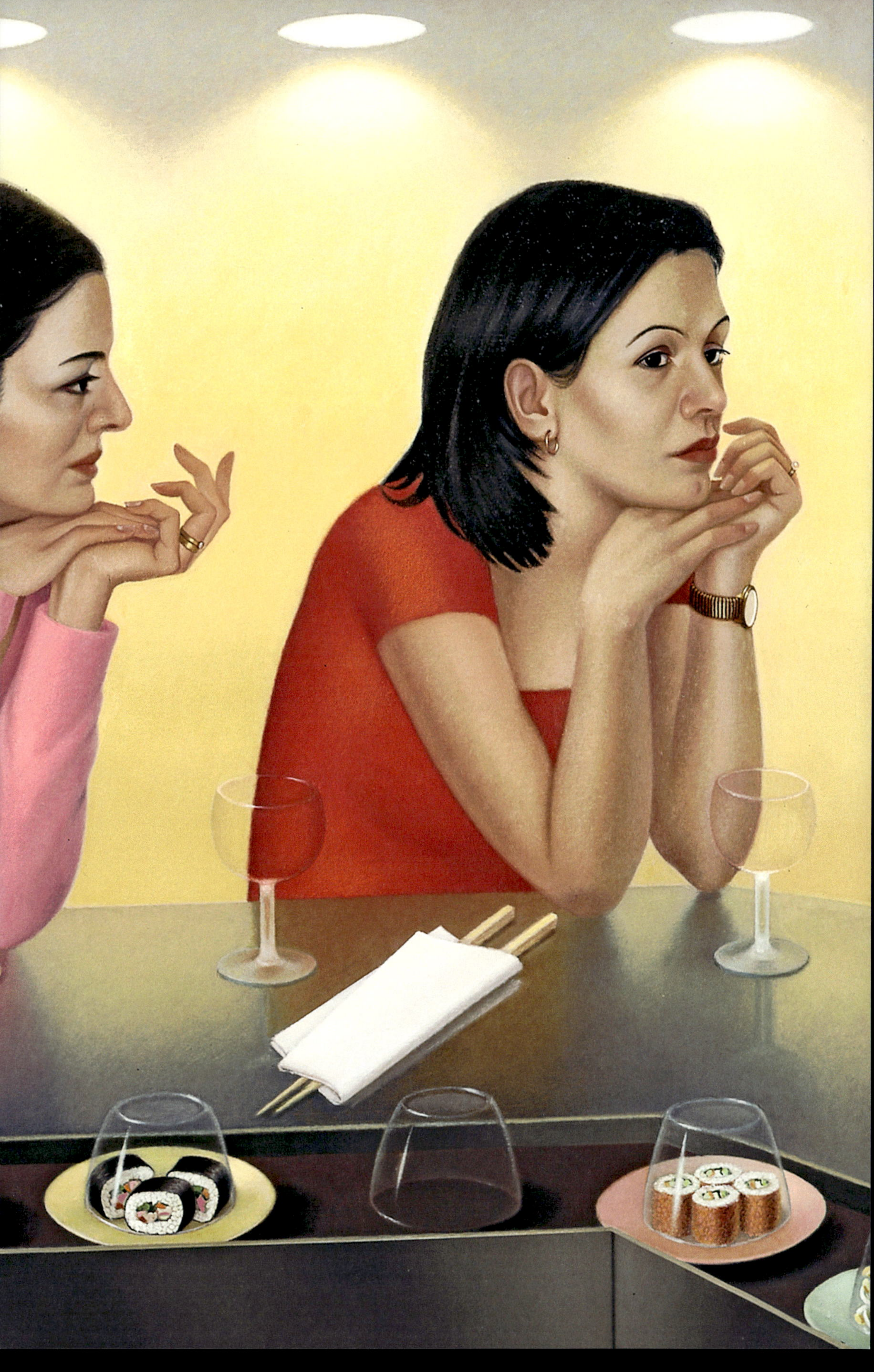

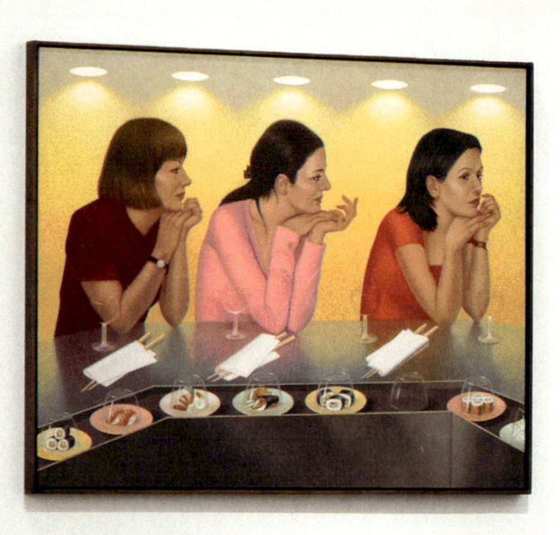
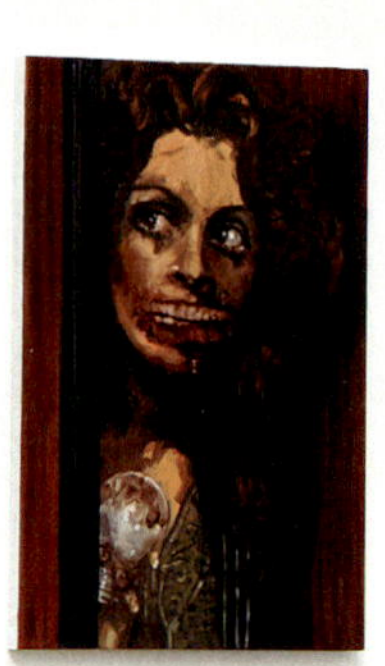

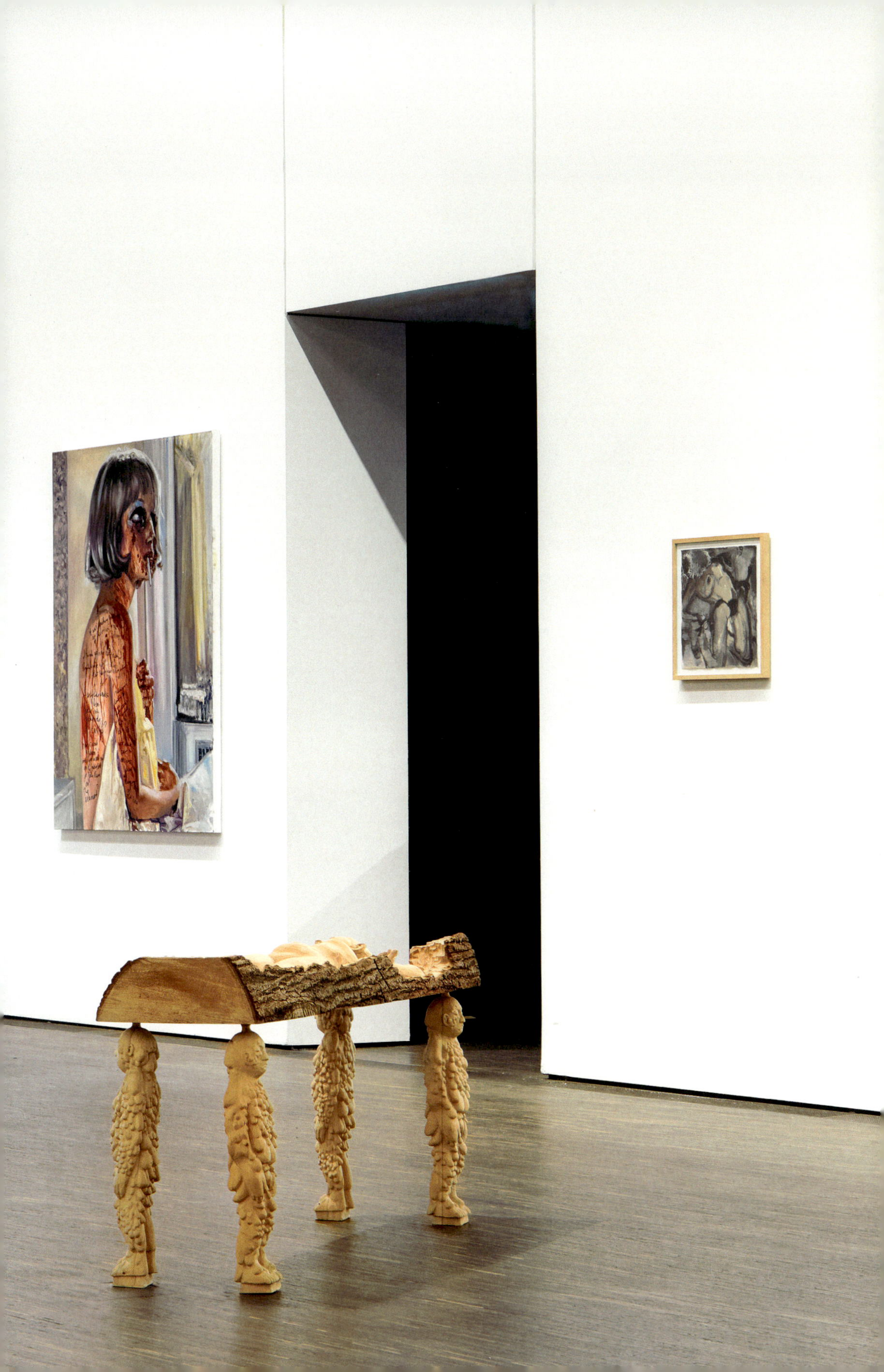

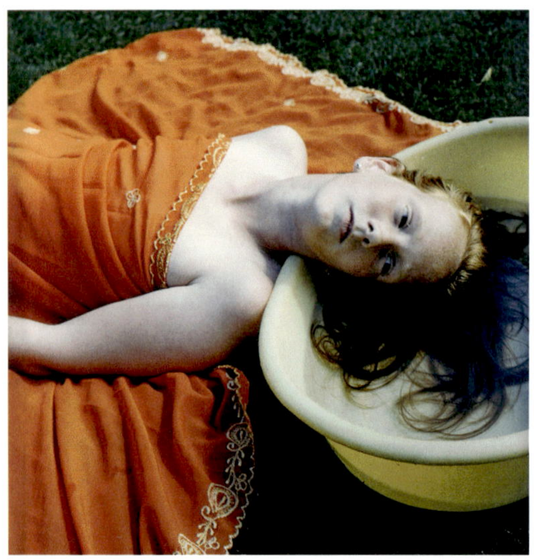

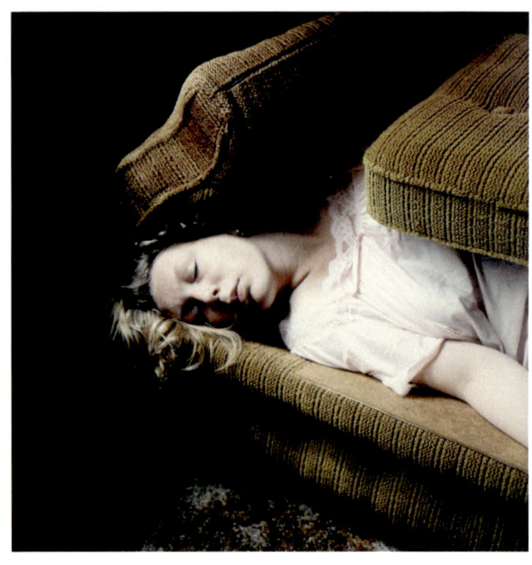

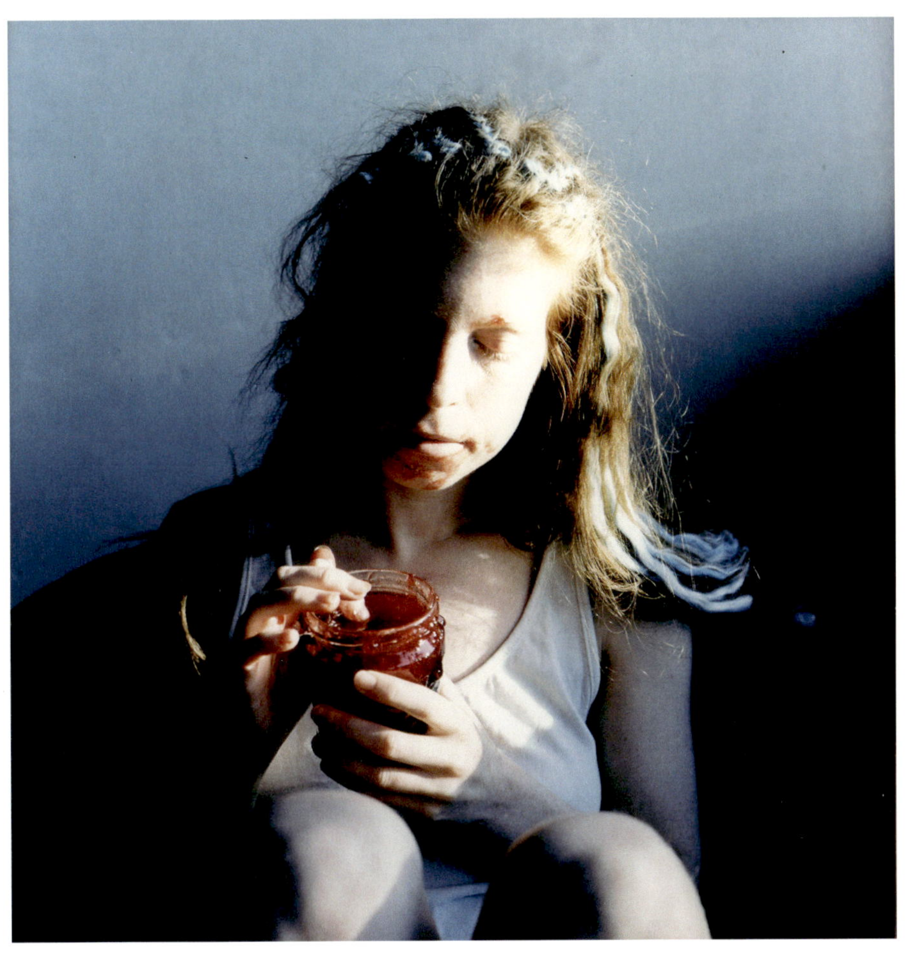

Ohne Titel, 1999
C-Print
39 × 39 cm

Ohne Titel, 2001
C-Print
39 × 39 cm

Ohne Titel, 1999
C-Print
39 × 39 cm
© Hellen van Meene,
Courtesy of the artist

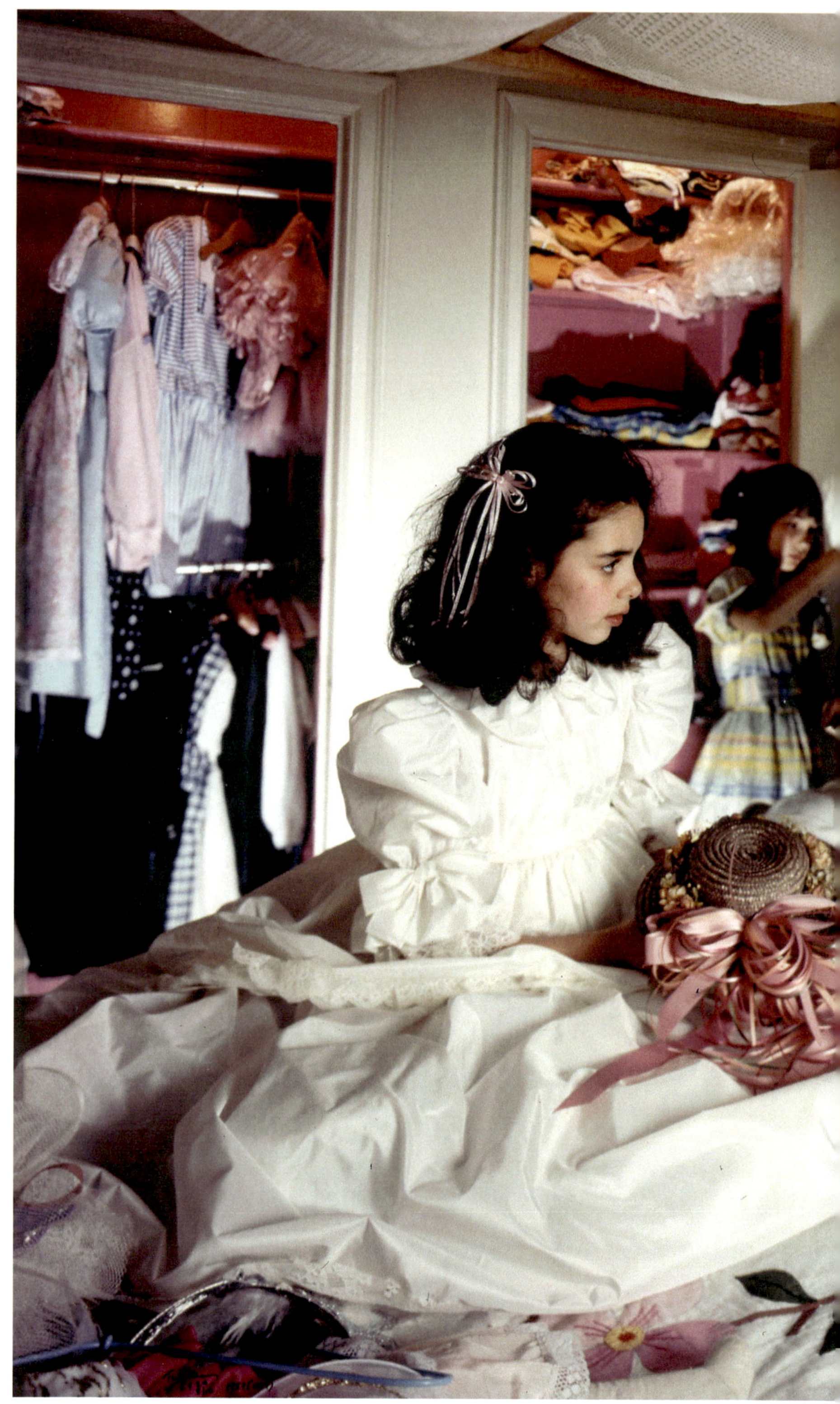

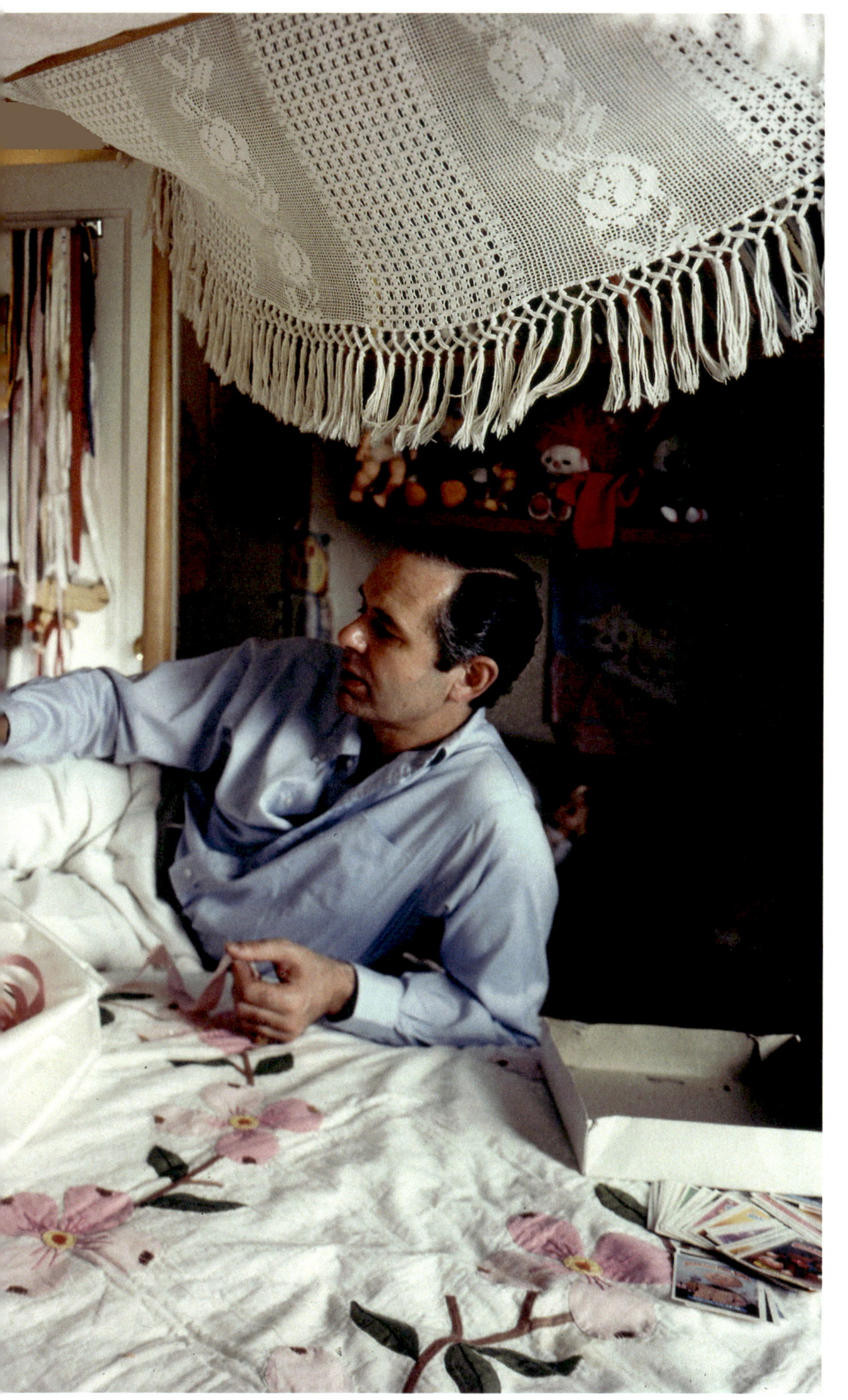

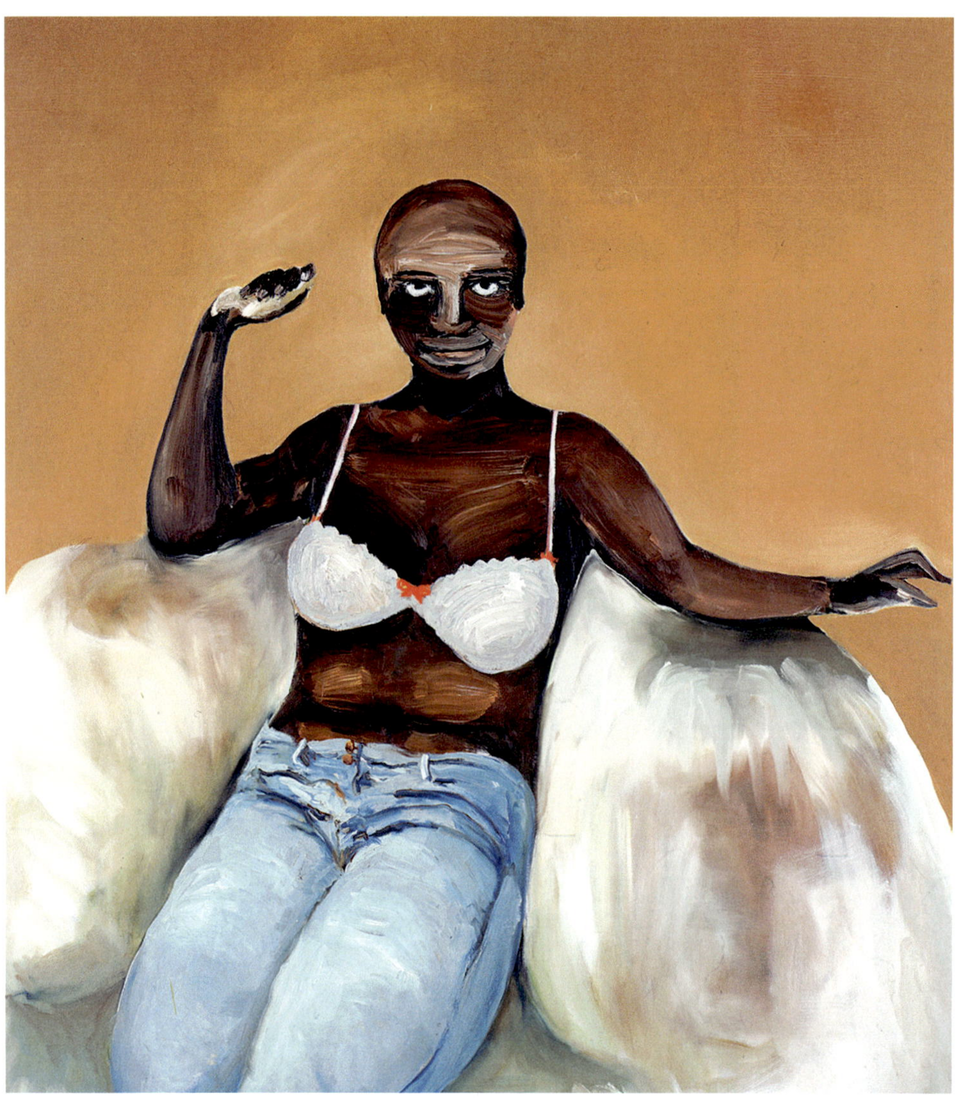

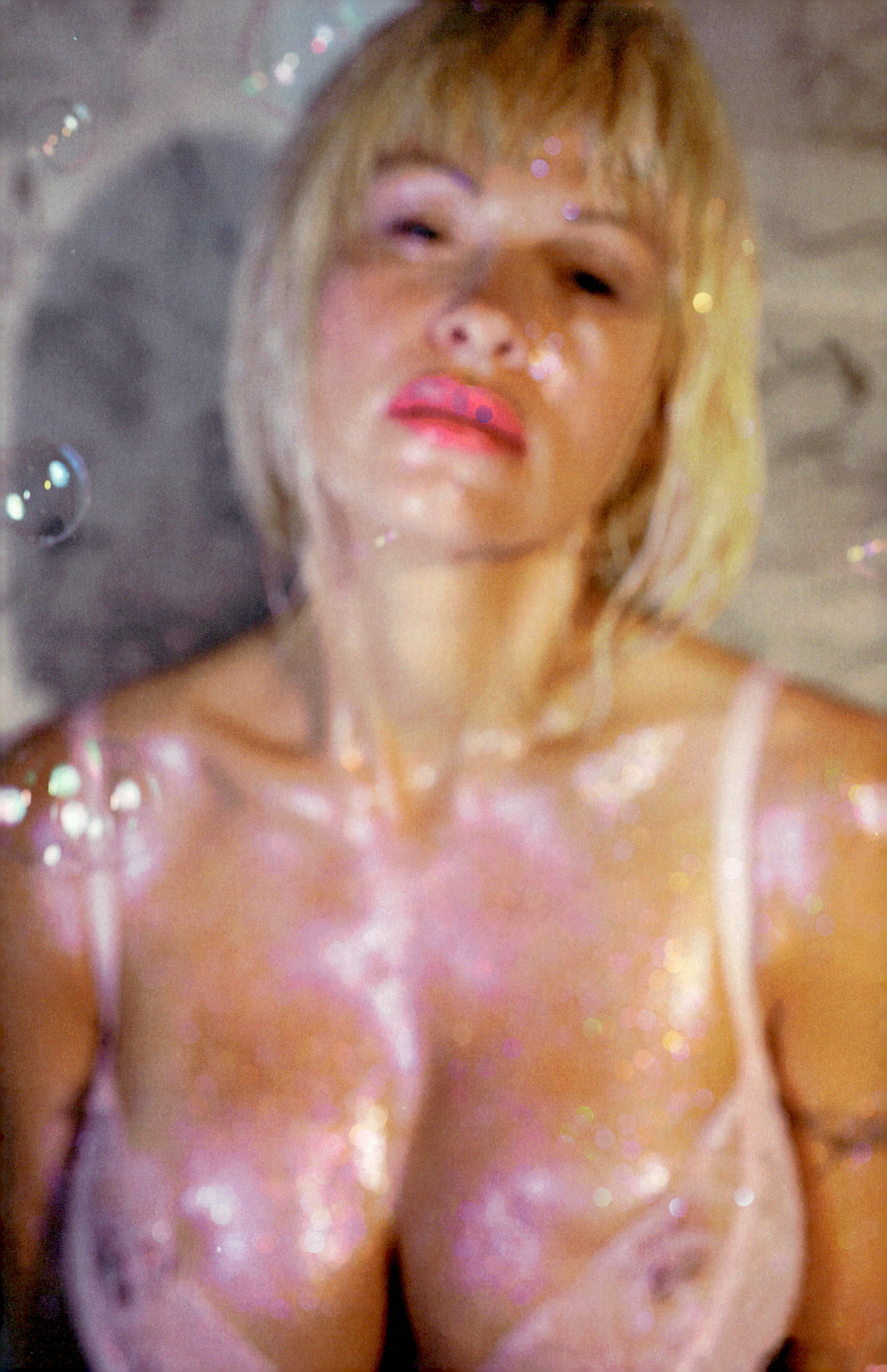

Installationsansicht/
Installation view

Queensize – Female
Artists from the Olbricht
Collection im / at
me Collectors Room
2014
Photo Bernd Borchardt

Elizabeth Peyton

Paul Peyton (Dad), 1995
Öl auf Leinwand/
Oil on canvas
25,5 × 20,5 cm
© Elizabeth Peyton

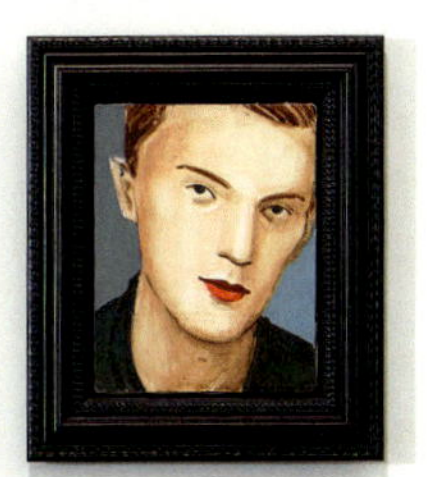

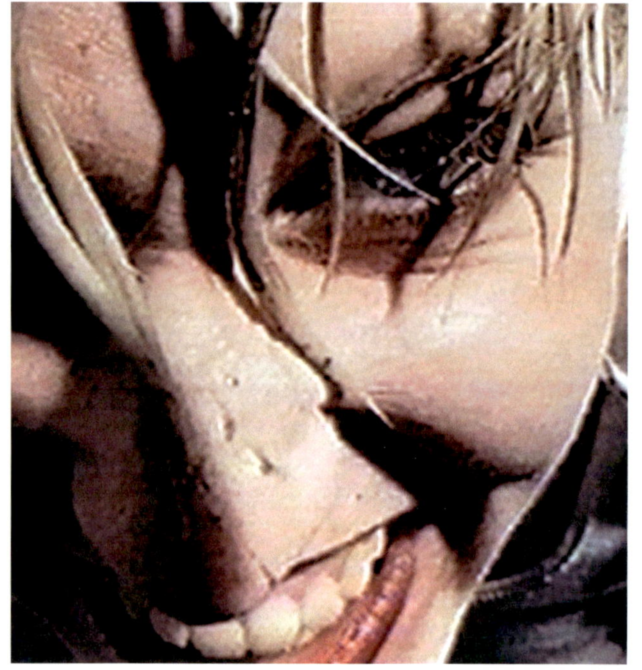

Chloe Piene

Blackmouth, 2004
DVD NTSC
Großformatprojek-
tion/Large Format
Projection
Edition 5/5 + 1 AP,
Numbered and Signed
2,51 min
Courtesy the artist

Alex McQuilkin

Get your gun up, 2002
DVD-R, 2,3 min
Courtesy of the artist

Hope Ginsburg

Bearded Lady
1998–2000
Farbfotografie mit VHS-
Video/Colour photograph
with VHS video tape
3 min
Photograph by
Carol Sinozich,
2000

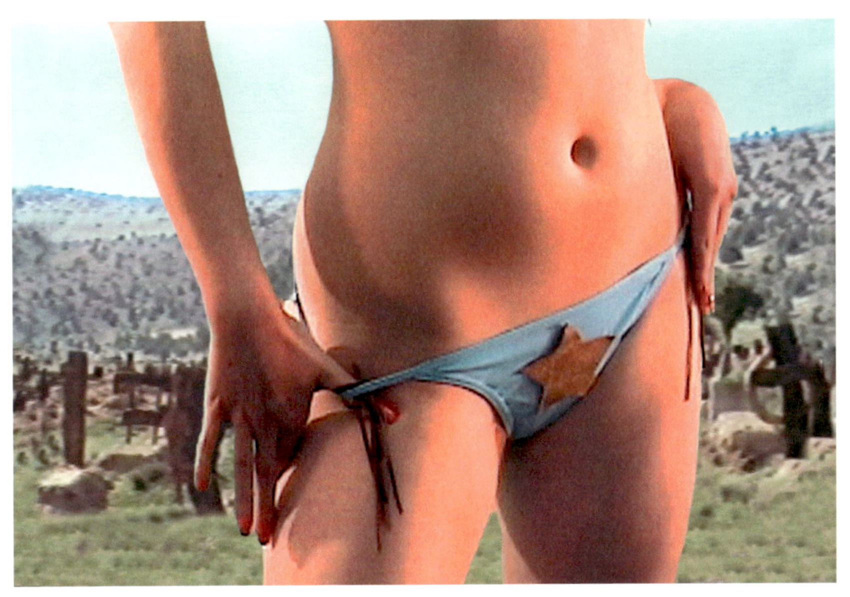

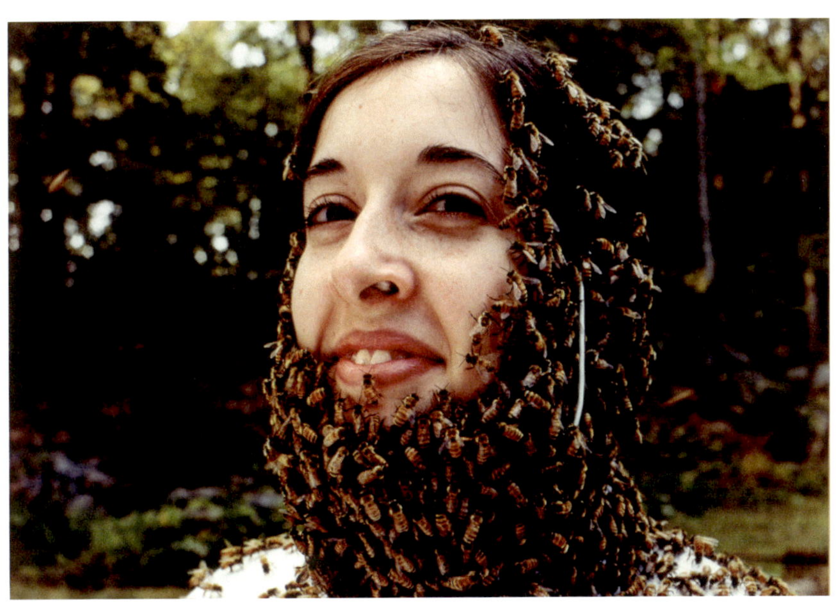

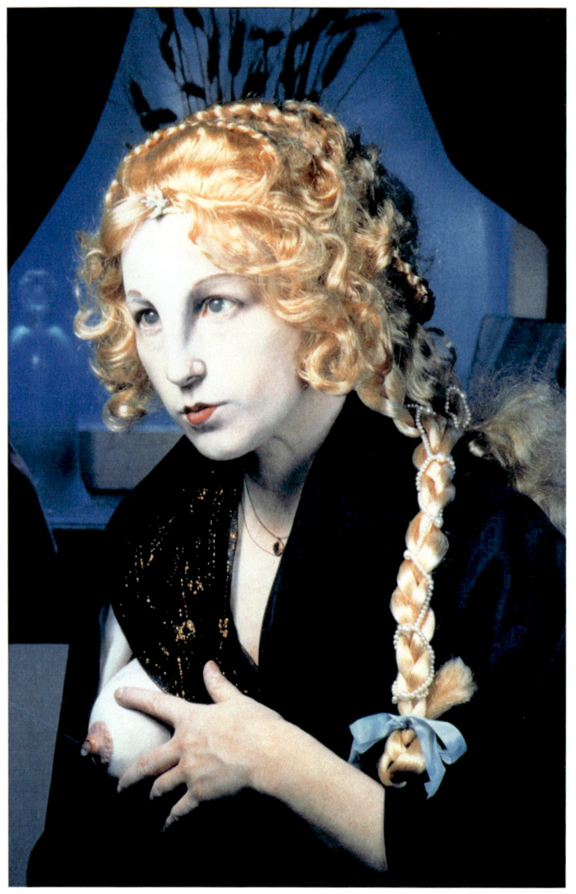

Cindy Sherman

Untitled #225, 1990
Farbfotografie/
Colour photograph
121,9 × 83,8 cm
© Courtesy of the artist
and Metro Pictures,
New York

Raum/Room
3
Vom Sterben/On death

Am Ende der Tod. Und vorher Gewalt, Missbrauch, sexuelle Dominanz als gesellschaftspolitisch verankerte Machtdemonstration. Oft unter dem Deckmantel der Religion. Im Alltag des Krieges wird der weibliche Körper zum Material. Die Hölle ist schon immer Teil des Lebens. Und dieser Teil wird an manchen Orten größer, immer größer. Verbote, Züchtigung, Erniedrigung, Unfreiheit. Sichtbar-unsichtbar. Überall und kein Entkommen. Angst und Schweigen.

Finally: death. But before it: violence, abuse, and sexual dominance as a demonstration of power that is anchored in the socio-political order. Often under the guise of religion. In the day-to-day conditions of war, the female body becomes material. Hell has always been a part of life. And in some parts of the world, this part of life is getting bigger and bigger. Bans, corporal punishment, humiliation, enslavement. Visibly invisible. Everywhere but with nowhere to hide. Fear and silence.

Queens and Kings ha
TO RULE

e the same job:

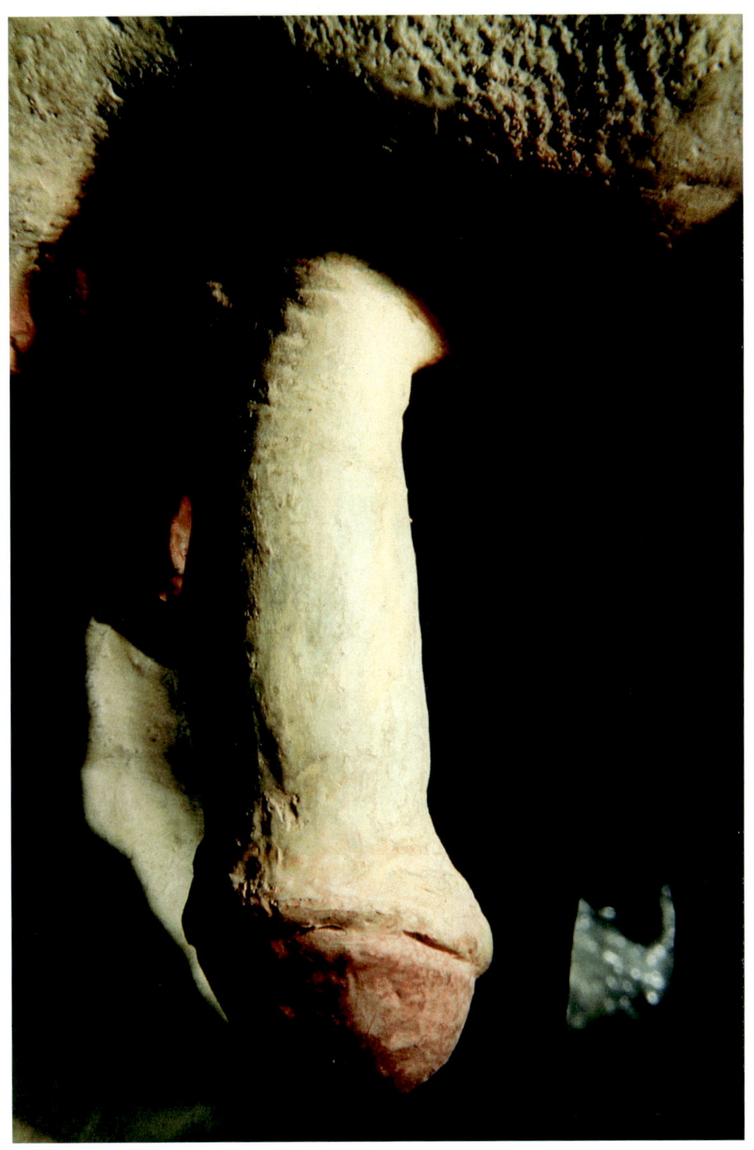

Cindy Sherman

Untitled #252, 1992
Farbfotografie/
Colour photograph
190,5 × 127 cm
© Courtesy of the artist
and Metro Pictures,
New York

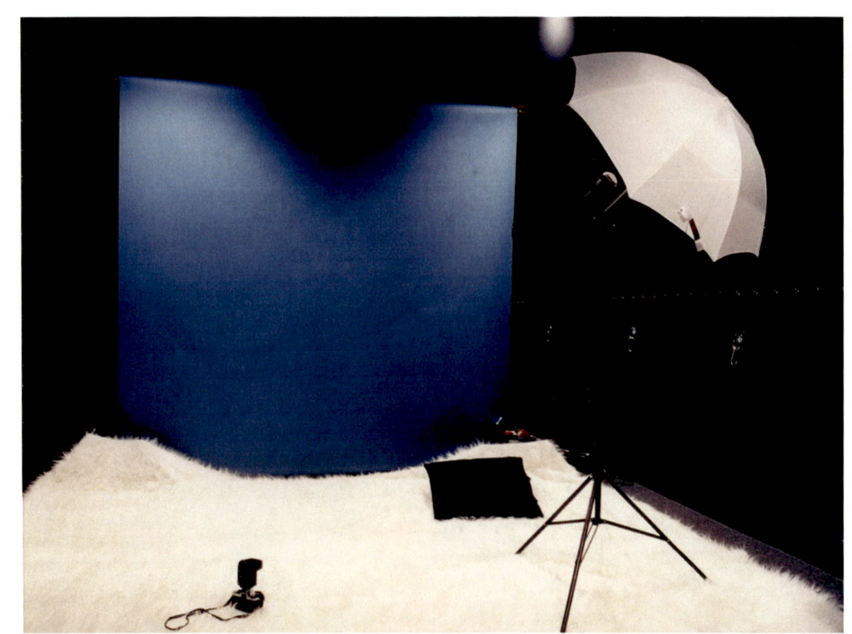

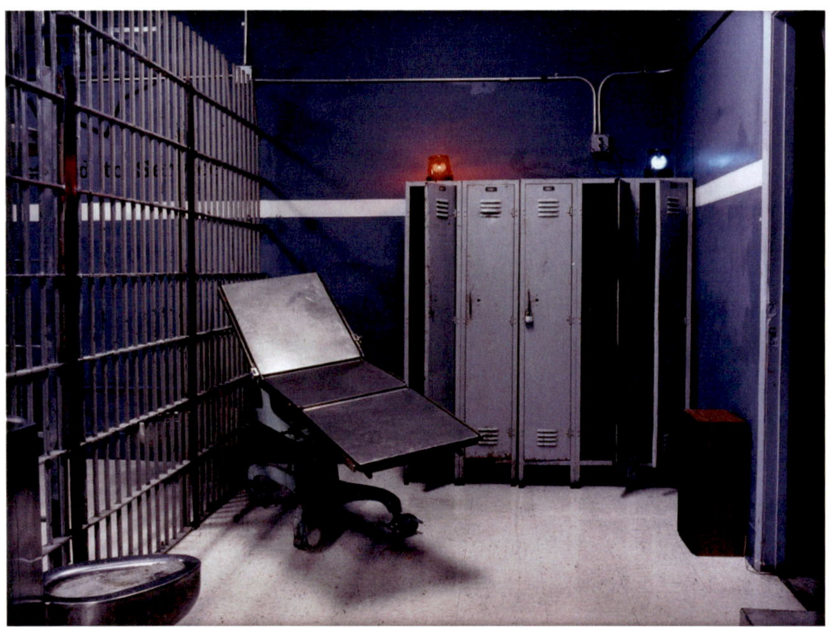

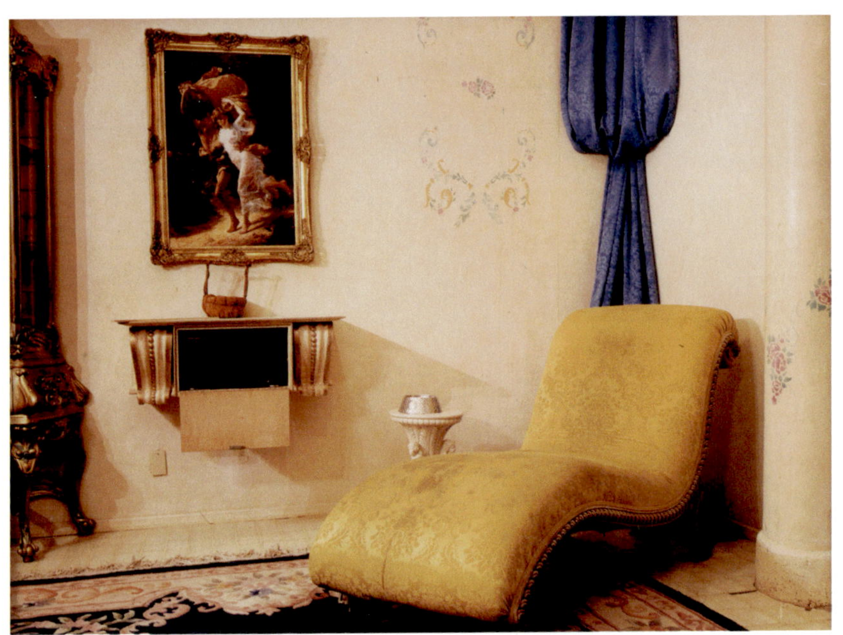

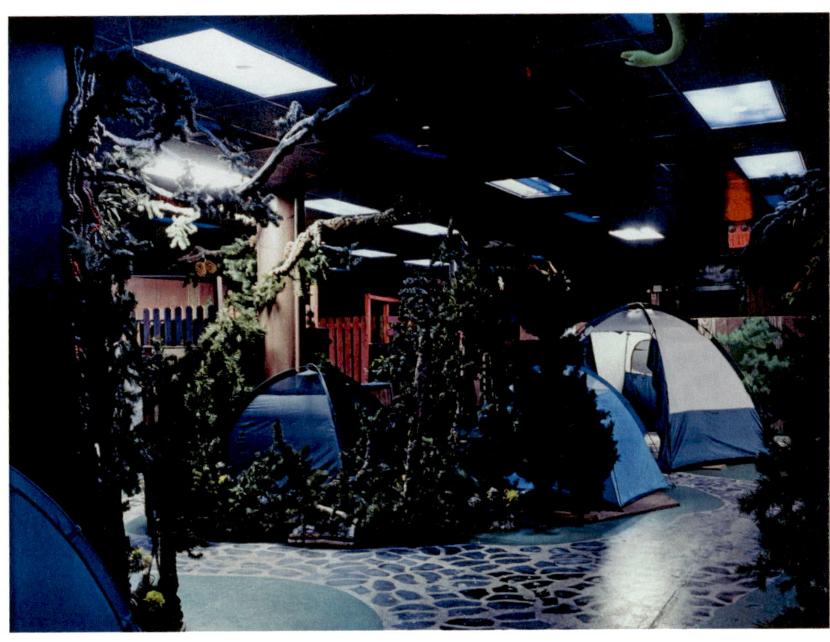

Katharina Bosse

Photo Studio, aus der
Serie/from the series
„Reich der Zeichen, Reich
der Sinne", 1999
Farbnegativdruck/
Colour Negative Print
76 × 101 cm

Jail Cell, aus der Serie/
from the series
„Reich der Zeichen,
Reich der Sinne", 1999
Farbnegativdruck/
Colour Negative Print
76 × 101 cm

Room with flower tapestry
aus der Serie/from the
series „Reich der
Zeichen, Reich der Sinne",
1999, Farbnegativdruck/
Colour Negative Print
76 × 101 cm

Camp ground, aus der
Serie/from the series
„Reich der Zeichen, Reich
der Sinne", 1999
Farbnegativdruck/
Colour Negative Print
76 × 101 cm
Courtesy Katharina Bosse,
Galerie Anne Barrault,
Paris

Installationsansicht/
Installation view

Queensize – Female
Artists from the Olbricht
Collection im/at
me Collectors Room
2014
Photo Bernd Borchardt

Paloma Varga Weisz

Galgenfeld, 2003/2004
3 Figuren, Lindenholz,
Holz, Stoff, Sand/
3 figures, lime wood,
wood, fabric, sand
14 × 5,20 × 3,80 m
© VG Bild-Kunst,
Bonn 2015

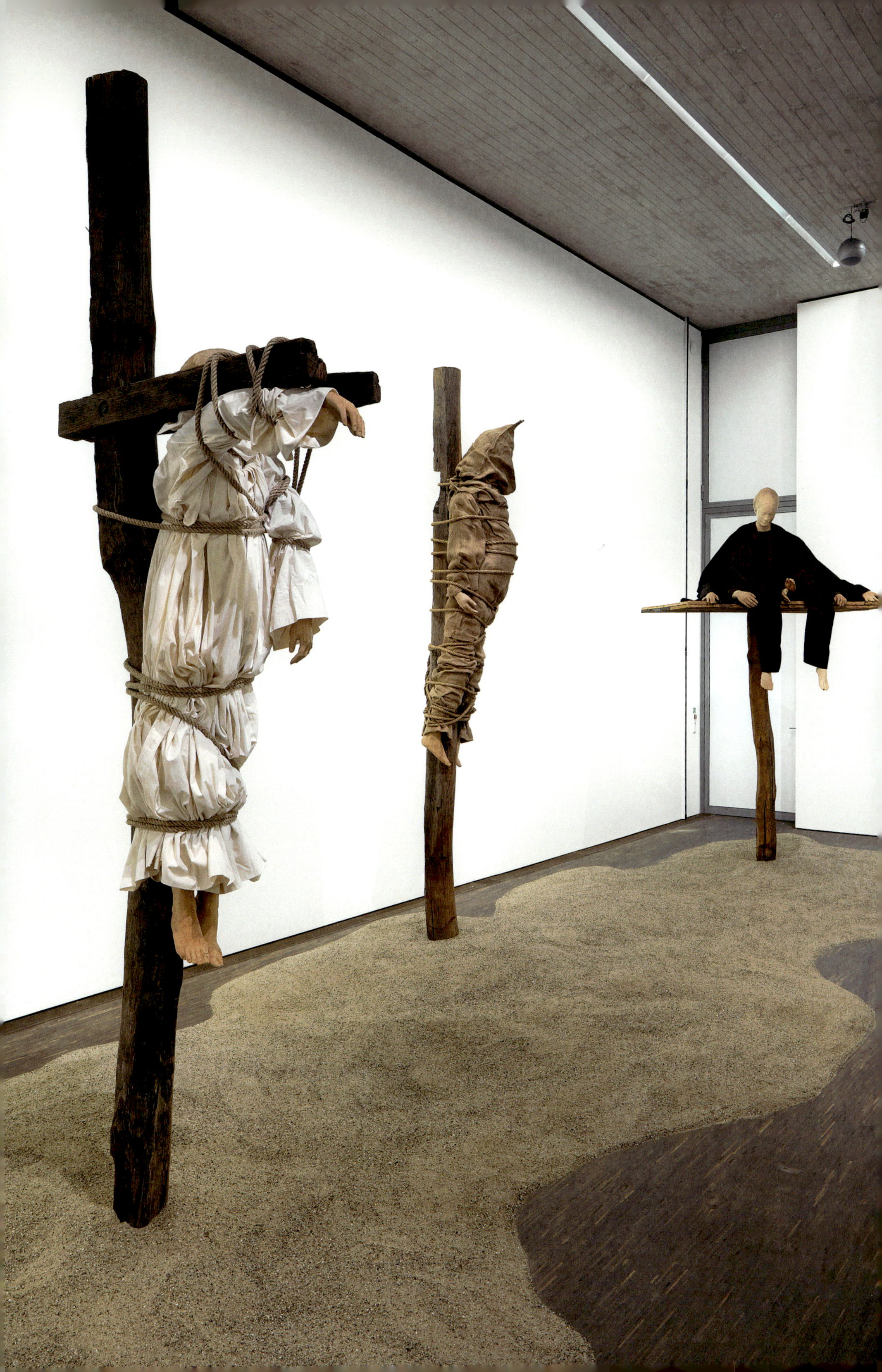

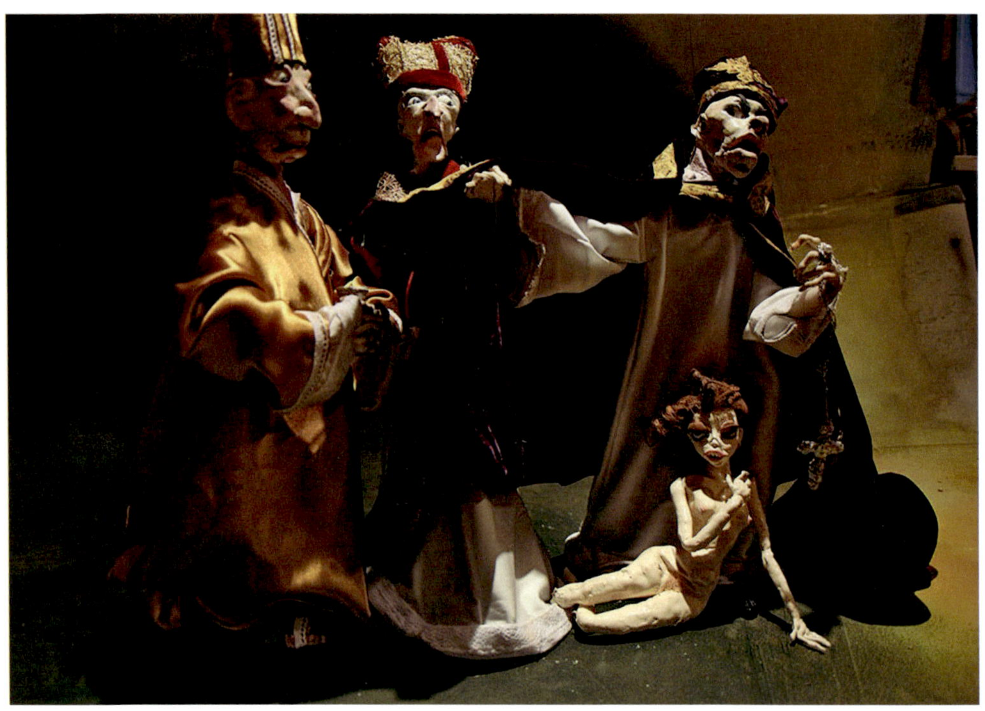

Nathalie Djurberg &
Hans Berg

The Experiment (Greed)
2009, Animation mit
Plastilinfiguren, Video,
Stereo, Musik von Hans
Berg/Clay animation,
video, stereo, music
by Hans Berg
10,45 min, Ed.: 4.11
Courtesy the artists; Gio
Marconi, Milan; Lisson
Gallery, London, Milan,
New York, Singapore
© the artists

Anett Stuth,

Kreuzigung, 2005
C-Print, Diasec
120 × 100 cm
© Courtesy die Künstlerin
und Galerie Kleindienst,
Leipzig

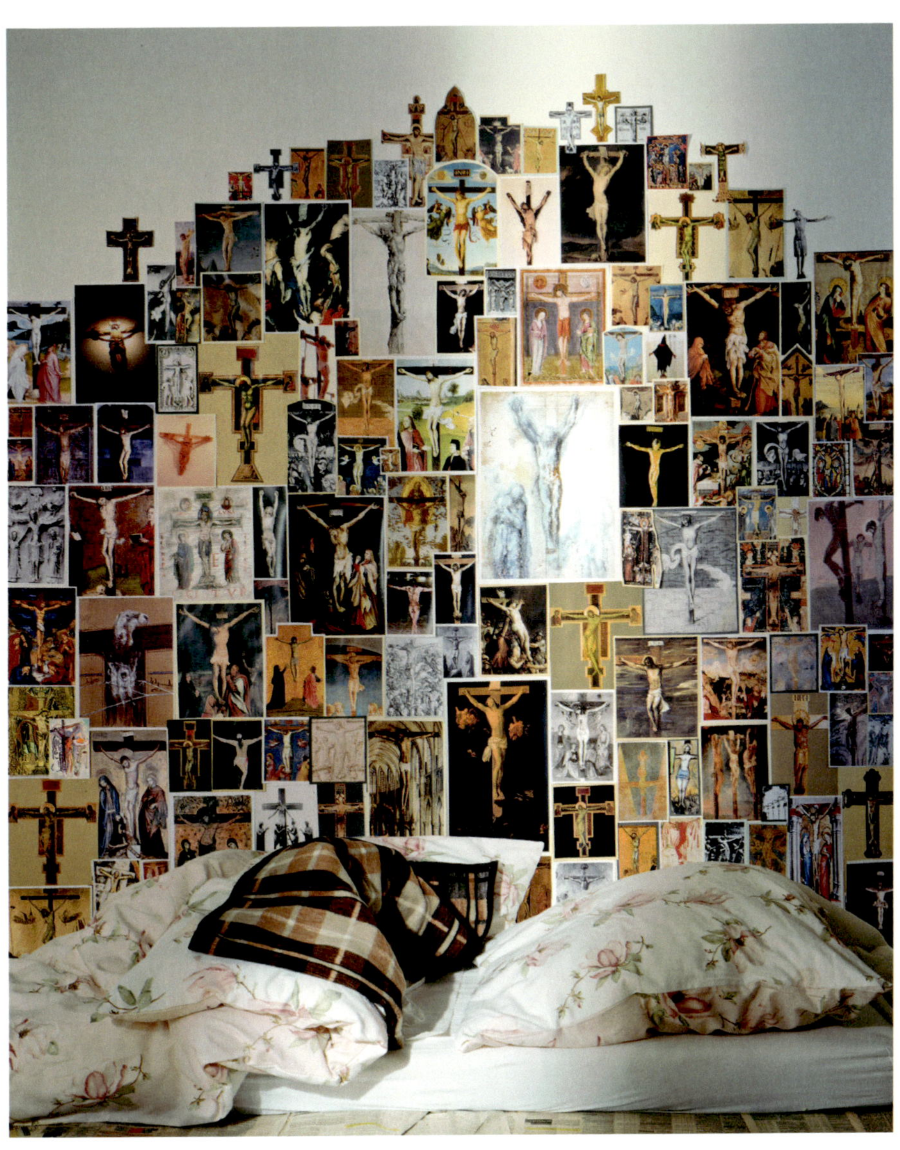

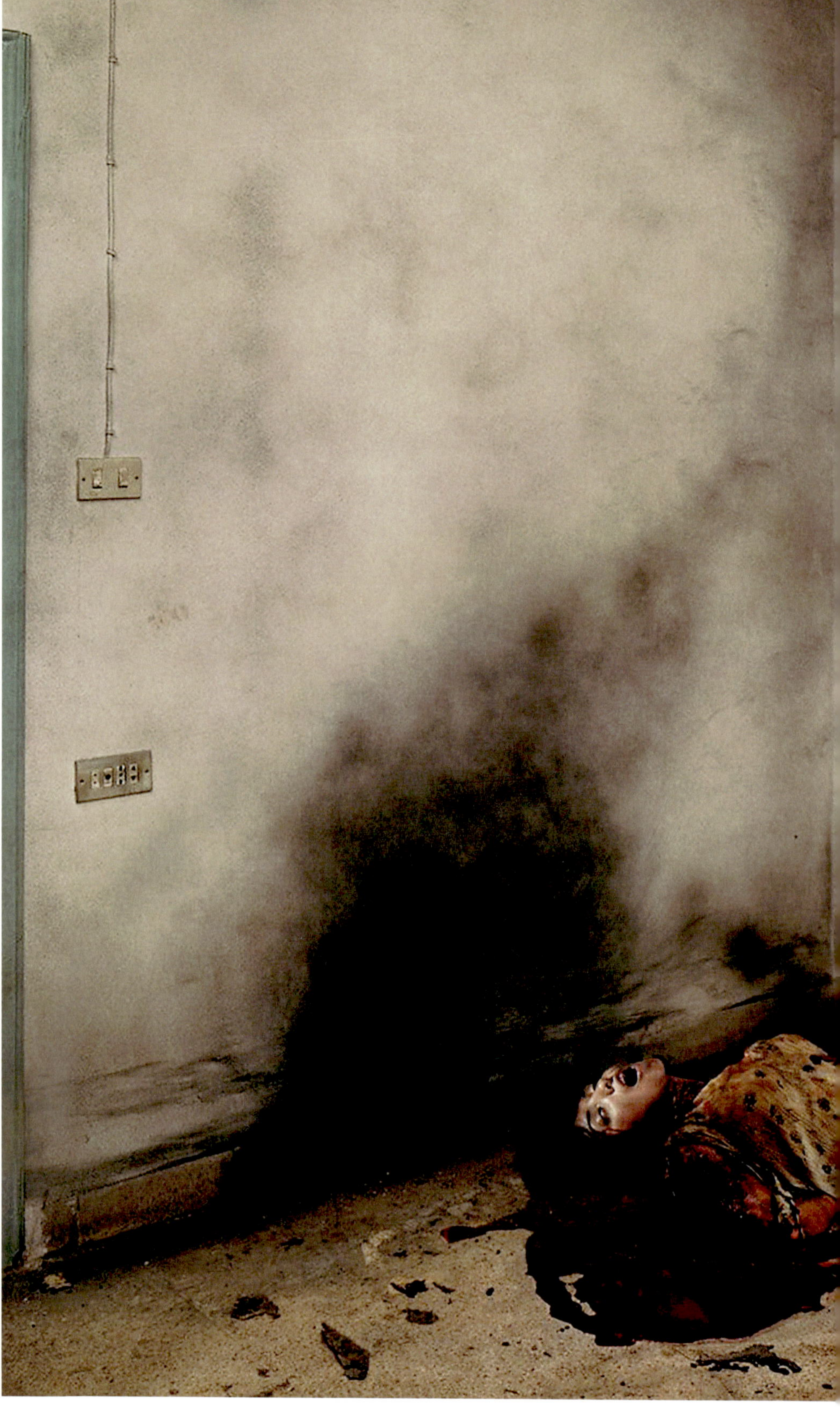

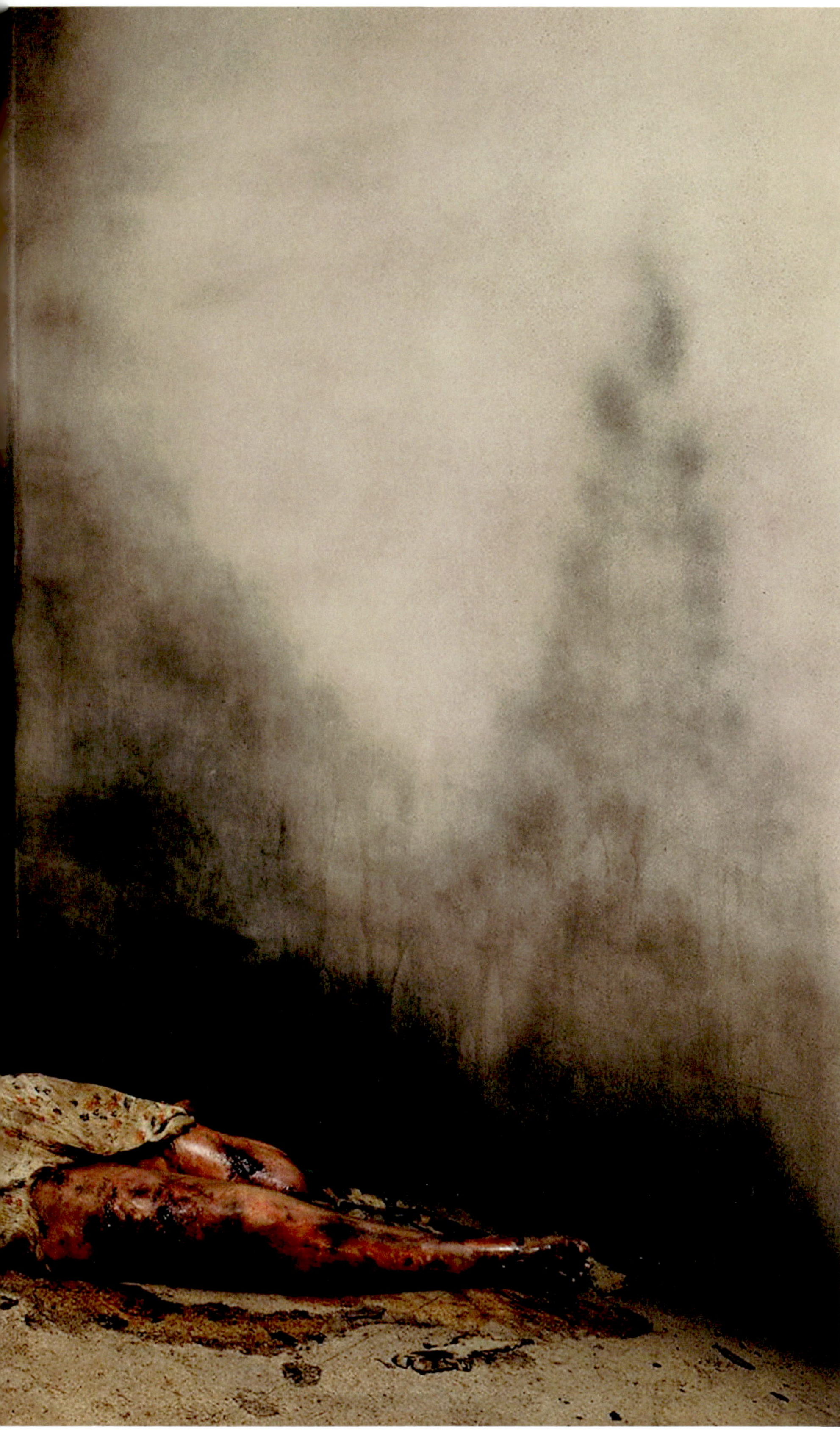

Zahra/Farah, 2008

Iraqi actress Zahra Zubaidi playing the role of Farah in Brian DePalma's film Redacted. Simon created this photograph to serve as the final frame in DePalma's film.

The film is based on the gang rape and murder of a 14 year-old Iraqi girl, Abeer Qasim Hamza, by U.S. soldiers outside Mahmudiya on March 12, 2006. Abeer's mother, father, and 6-year-old sister were murdered while she was being raped. After the soldiers took turns raping Abeer, she was shot in the head and her body was set on fire.

Four American soldiers of the 502nd Infantry Regiment were convicted of crimes including rape, intent to commit rape, and murder.

Zahra/Farah, 2009

Iraqi actress Zahra Zubaidi playing the role of Farah in Brian DePalma's film Redacted. Simon created this photograph to serve as the final frame in DePalma's film.

Zahra Zubaidi is currently seeking political asylum in the United States. Since appearing in the film, she has received death threats from family members and criticism from friends and neighbors who consider her participation in the film to be pornography.

The film is based on the gang rape and murder of a 14 year-old Iraqi girl, Abeer Qasim Hamza, by U.S. soldiers outside Mahmudiya on March 12, 2006. Abeer's mother, father, and 6-year-old sister were murdered while she was being raped. After the soldiers took turns raping Abeer, she was shot in the head and her body was set on fire.

Four American soldiers of the 502nd Infantry Regiment were convicted of crimes including rape, intent to commit rape, and murder.

Vorige Seiten/
Previous pages

Taryn Simon

Zahra/Farah, 2007
Archival Inkjet Print
156,2 × 200,7 cm
© Taryn Simon, Courtesy
Gagosian Gallery

Zahra/Farah, 2011

Iraqi actress Zahra Zubaidi playing the role of Farah in Brian DePalma's film Redacted. Simon created this photograph to serve as the final frame in DePalma's film.

Since appearing in the film, Zahra has received death threats from family members and criticism from friends and ·neighbors who consider her participation in the film to be pornography.

The film is based on the gang rape and murder of a 14 year-old Iraqi girl, Abeer Qasim Hamza, by U.S. soldiers outside Mahmudiya on March 12, 2006. Abeer's mother, father, and 6-year-old sister were murdered while she was being raped. After the soldiers took turns raping Abeer, she was shot in the
head and her body was set on fire.

Four American soldiers of the 502nd Infantry Regiment were convicted of crimes including rape, intent to commit rape, and murder.

In 2011, while this work was on view at the Venice Biennale, Zahra Zubaidi was granted political asylum in the United States. Her legal defense cited the international exhibition of this photograph as a contributing factor to her endangerment.

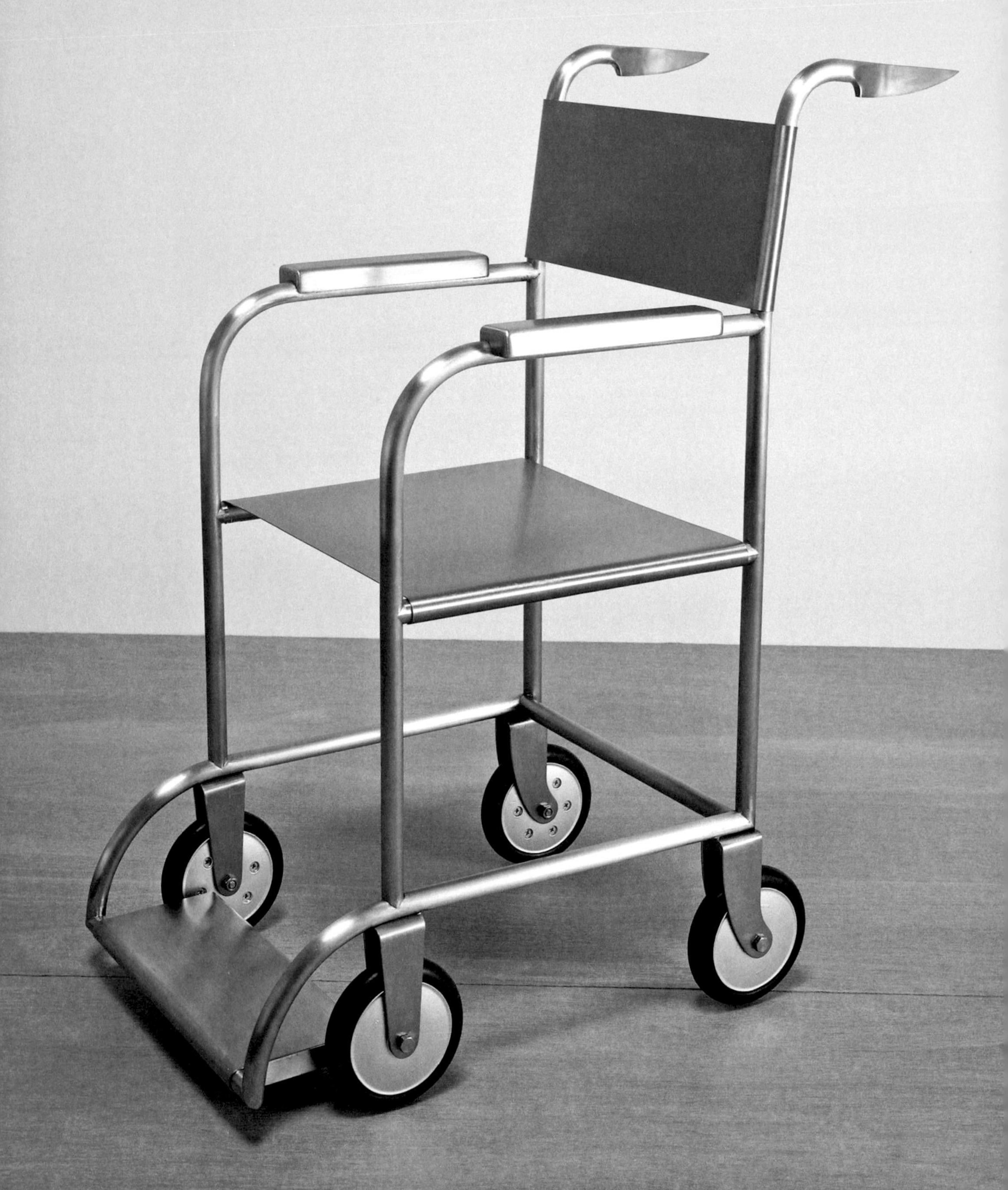

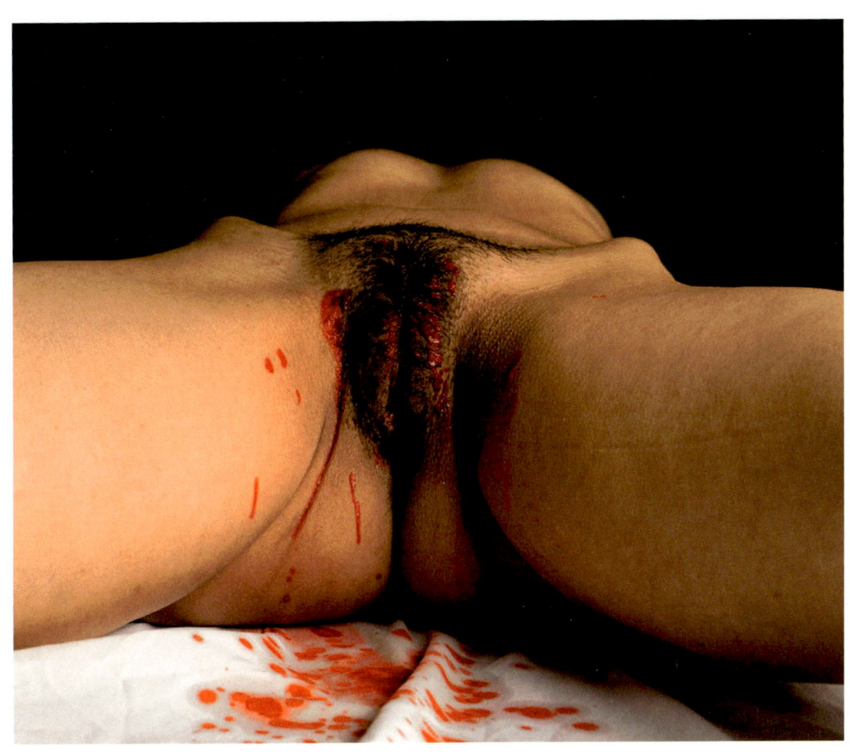

Mona Hatoum

Untitled (wheelchair)
1998, Rostfreier Edelstahl
und Gummi/
Stainless steel and rubber
97 × 50 × 84 cm
© Mona Hatoum, Photo
Edward Woodman,
Courtesy White Cube

Şükran Moral

Found Guilty, 2009
Pigmentdruck gezogen
auf Alu-Dibond/Archival
pigment print mounted
on Alu-dibond
96 × 120 cm
© Courtesy of the artist
and Galeri Zilberman

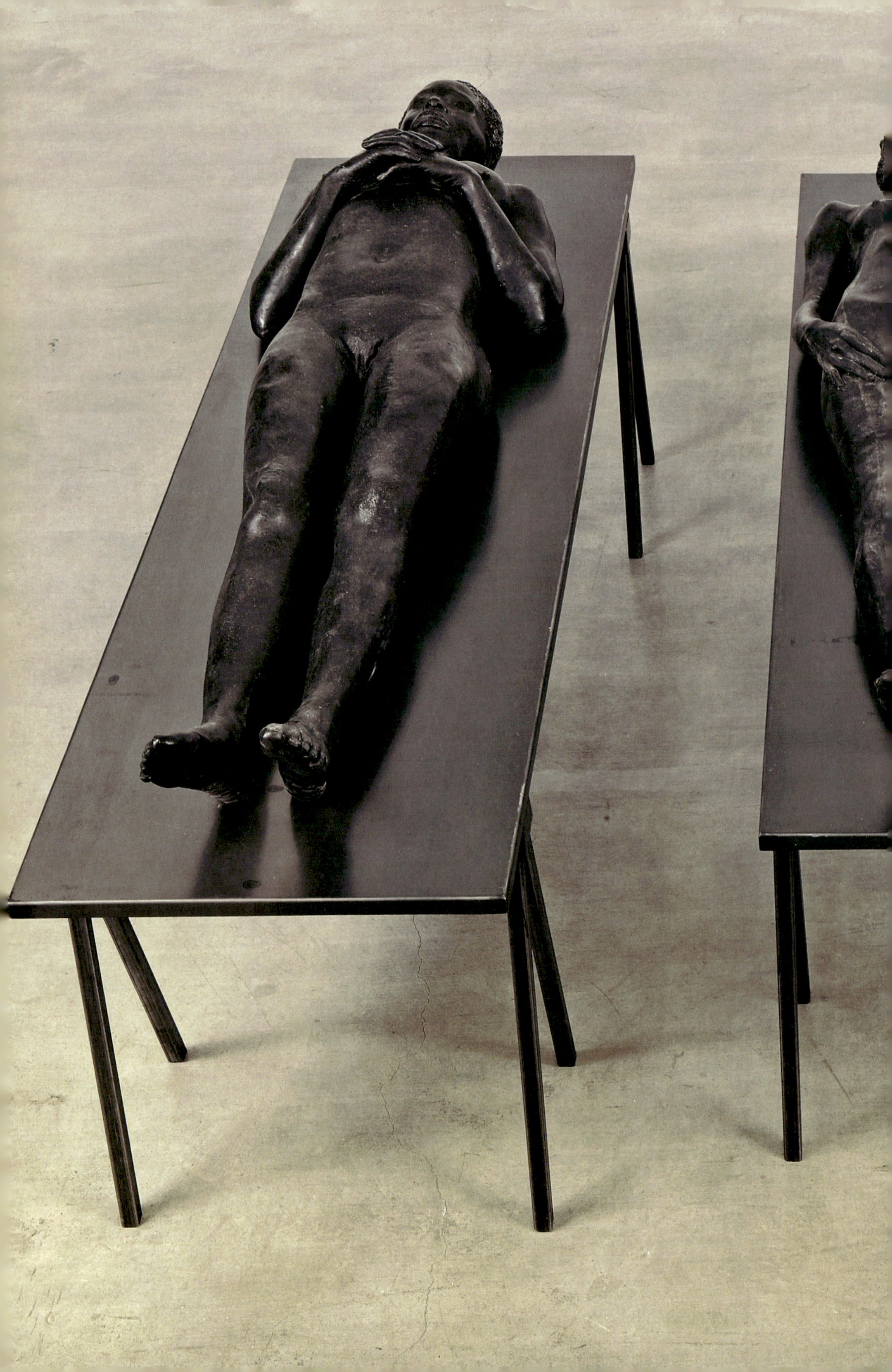

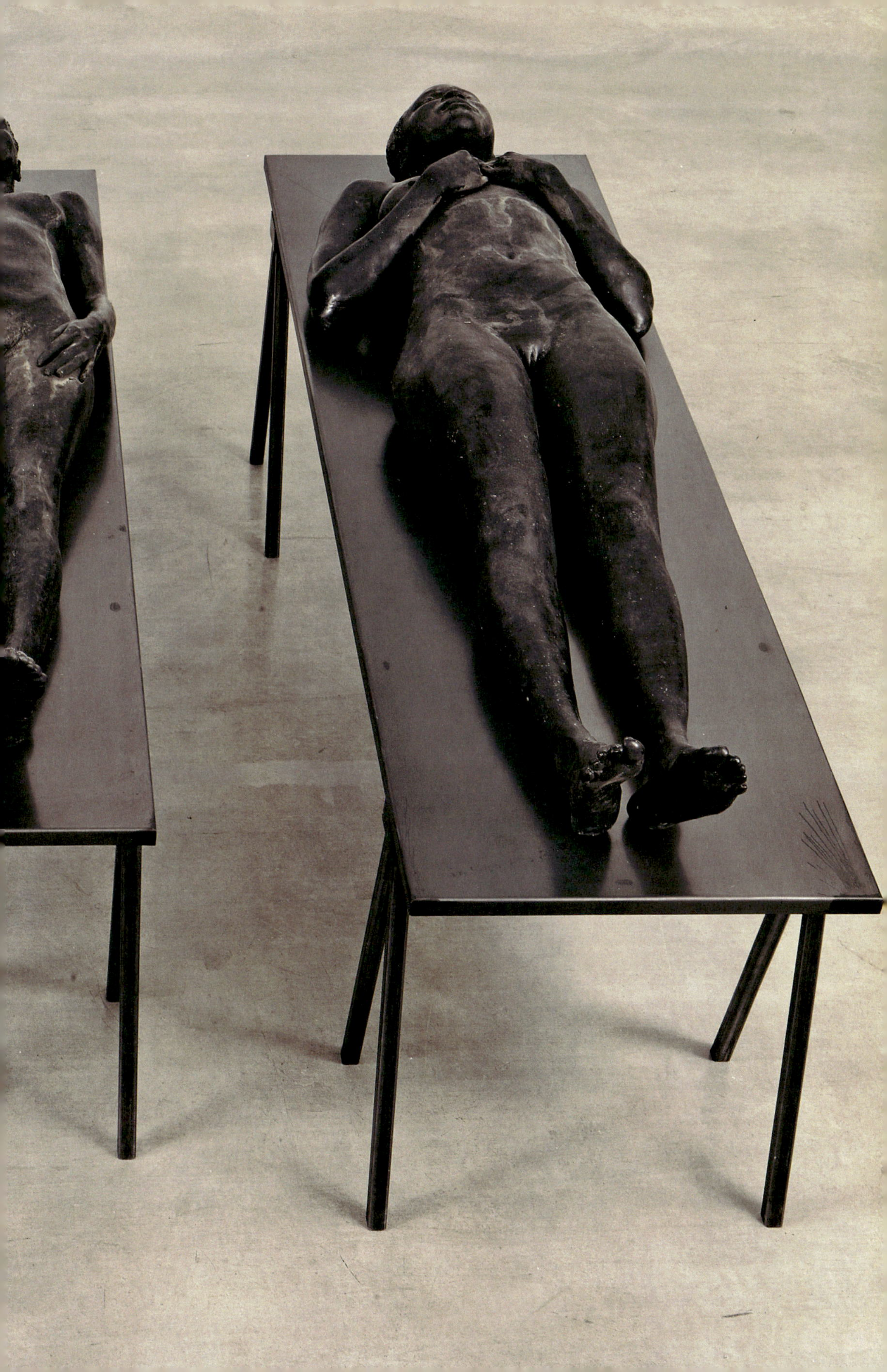

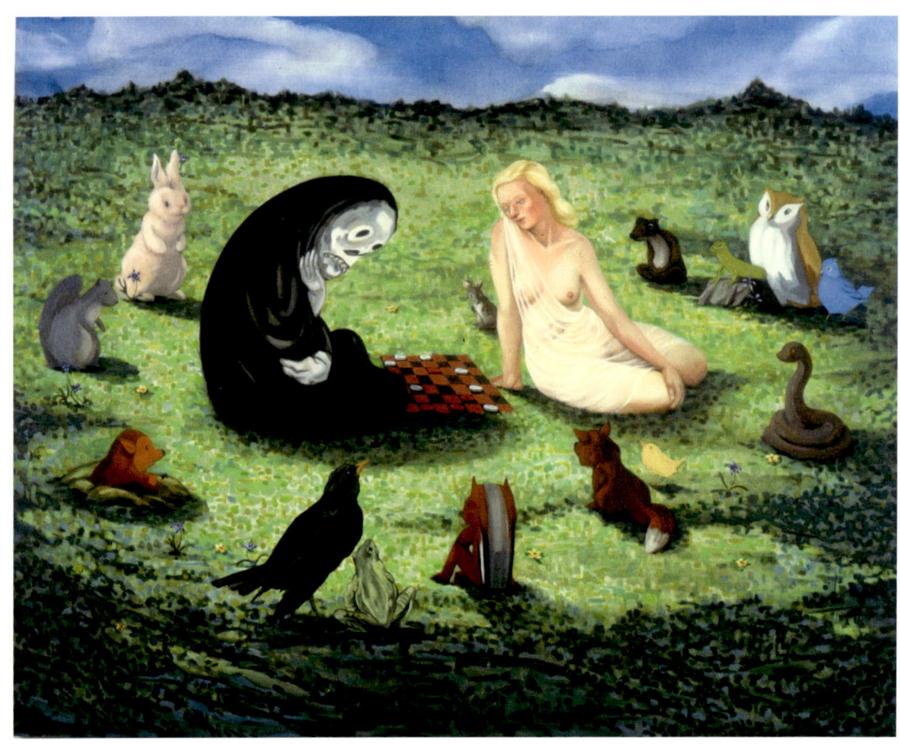

Vorige Seite/
Previous page

Vanessa Beecroft

+3 black sculptures
2008, Schwarzes mikro-
kristallines Wachs und
Gips/Black microcrystal-
line wax and plaster
Unterschiedliche Maße/
Variable dimensions
© Vanessa Beecroft

Nicole Eisenman

Death playing checkers
2003, Öl auf Leinwand/
Oil on canvas
122 × 152 cm
Courtesy the artist and
Koenig & Clinton,
New York

Fragebögen
Questionnaires

Nach einer Idee von/An Idea of
Nicola Graef

QUEENSIZE

Thank you for Photo / Sketch:

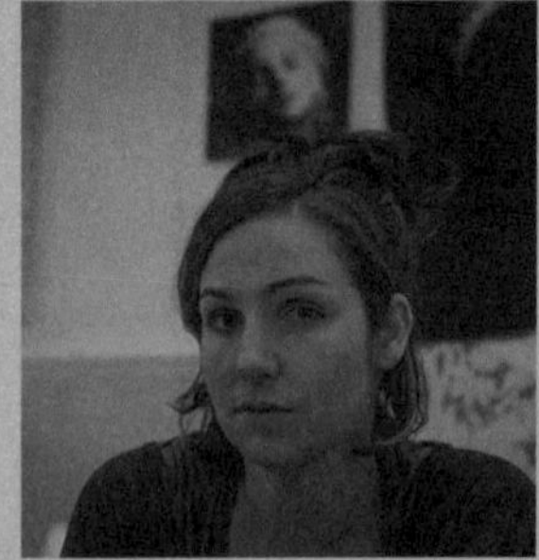

Name: Alex McQuilkin

1. Which themes and topics are important to you in your work? How do you develop new ideas?

Identity and the role that popular culture plays in shaping it. The effect that commercial imagery and stories have on us. The constant performing of self. Ideas develop in the back of my mind when I'm not looking. I obsessively collect images and eventually an idea clicks with an image. Or, perhaps, I subconsciously picked the image because of the idea that hadn't quite formed yet.

2. Which experience(s) are/were essential for you as an artist?

Watching movies, looking at magazines, seeing billboards and advertisements all around me daily. My own adolescence was very informative for me and I am mesmerized by that time in my life when my sense of self was being formed, though I was unaware of the forces that were forming it.

3. If you could change something in society, what would it be?

In America, specifically, I would increase arts funding to allow for more art that is not driven by the market.

4.How relevant is gender to your work?

Very. My work is all about unwinding the mess of ideas and feelings I have inside of me. All of which were culturally instilled and most of which are extremely gendered.

5. What is unnerving about being an artist, what enthuses you to continue to develop your practice ?

Self-doubt is unnerving. Trusting the work that comes out of me even though it doesn't look like other art I see around me.
What keeps me developing my practice is the longing to see the things in my head in tangible form. As Agnes Martin says "I don't think we choose to be artists. I think we just have to do what we have to do".

carolein smit

artist statement

October 2014

Me - Berlin

It is not very difficult to like my work. Everything shines and glitters, is adorable and the details of eyes, tongues, noses and ears are endearing. People love that kind of refinement, it can bring back memories of precious Meissen porcelain. That's just the way I like it. I want people to love my sculptures. I want them to loose their hearts to it and I use all I can to make them do so.
At the same time I want to make this loving not too easy. It's painfull, fragile, unfulfilled and sometimes dangerous. Where are the bounderies, where does innocence become guilt? Live become death? That is what my work is about. The tension brought by emotional dilemma's, trying to separate right from wrong where everything evolves out of clumsyness, coincidence and misunderstanding.
In my work these dilemma's exist as a complicated knot of conflicting messages.
I think that the turningpoint where seriousness becomes melodramatic, beauty turns into overkill and love becomes hate, makes a subtle balance that is very anoiing and at the same time very interresting.
Humor sneeks into my works when I am making it, I never make sketches before I start, I need it to be an adventure.
The highly detailed works allow my thoughts to wander and combine several things that sometimes are not very logical together but do make sense in the end.
When I am working in my studio, I go from one work to the next, combining several thoughts and fascinations.
I love cabinets of curiosity, Wunderkammer, scientific collections, museums with devotionalia. All these collections contain images that are related to art, but also to other areas. They show the exceptional, the strange, the rare, to secure the scientific order. They lift up the supernatural to restrain the wims of nature. They suggest order and security. At the same time they warn us for chaos that will occur as soon as we let go of this proposed order. They are images that scare us and also restrain that fear.
The ambivalence makes us look with admiration and disgust.

ANJ SMITH
QUEENSIZE
FEMALE ARTISTS FROM THE OLBRICHT COLLECTION

1. Which themes and topics are important to you in your work? How do you develop new ideas?

Numerous interests and concerns are interlaced within the work, which evolve and develop in at different rates. London, with its resources and cultures constantly aids research, as does travel, which stops local perceptions calcifying. It's always hard to tease a few examples out to discuss, as it gives them artificial prominence. But certain preoccupations do re-occur, not least the place and validity of painting now. Painting is clumsy - the intended image is always compromised by the medium's own autonomy and there's always an awkwardness in the most flawless execution. It's insanely painstaking, some of my works can take up to a year to complete - a completely futile way to make an image in the light of all the glossy, evolving tech out there. Yet for me, this pointlessness is exactly the location of painting's relevancy. My work revels in it - from the falling, thick impasto chucked on with a knife, exceeding the frame; to the weeks of detail painted with a tiny one-haired brush. Half - forgotten ghosts of meaning, mined from painting's rich histories are resurrected into new phenomena, appearing in the work in new contexts. Technique and essential meaning are totally unimportant. It's painting's conceptual power that holds the potent currency for me, and the existential implications of its seductive vigour, post its death.

2. Which experience(s) are/were essential for you as an artist?

At one point, almost a decade ago now, I was hospitalised with exhaustion. Friends visited and discussed the rats that had chewed through the wire and concrete filler in my studio, once again. A sympathetic doctor, overhearing, donated his personal packed lunch to the cause - cheese sandwiches, I will never forget. I had a realisation: romantic myths about artists starving in freezing garrets yet making wonderful work are just that – myths. I did make work during those awful years, but it was despite circumstances and not because of some idealised notion of suffering. On putting those years behind me, my productivity and the strength and development of the work skyrocketed.

3. If you could change something in society, what would it be?

Its structure.

4. How relevant is gender to your work?

I have been a (Post) Feminist ever since gender inequality was explained to me as a child, although this has rarely been the focus in the studio on a singular or literal level.
A friend recently finished the gender reassignment process and now identifies as a trans man. Until it happened to someone so close to me, I never fully appreciated how long the process takes - years of painful operation after operation. His struggle to identify with either gender post-surgery resulted in a depression that really affected me. There was a time when his body had lost the physical attributes of either male or female, yet he was in no way less of himself, although finding appropriate language and recognition proved elusive. I had always been interested in queer theory's update of the gender debate, in particular Judith Butler's critique of 1970's Feminism, concerning ideas of selfhood not constrained by binary gender contrasts. My friend's experience has made me think further about existing in a state between or beyond genders. That is not to negate the political need for equality and representation, which is obviously urgent. But in the studio, I have thought it important to question traditional gender delineation in the debate so far and consider what happens when these bodies slip their assigned moorings.

5. What is unnerving about being an artist, what enthuses you to continue to develop your practice?

Despite practical challenges, there's nothing unnerving about being an artist. I'm not sure that you have that much of a choice, it's completely compulsive. Similarly, the need to develop work is an everyday, innate insistence that drives a continual questioning of what has been made so far and how it can be furthered. Of course there are times of frustration but when work is progressing, it is the most euphoric experience imaginable.

Sukran Moral

1. Violence against children and women, "the others", transexuals, immigrants, identity and gender issues..
Actuality, meaning current events have great significance for me. I never feel lacking of new ideas for I live art
for 24/7 and I live life 24/7. My biggest concern is not to be able to have enough time or funding to create and
continue doing my projects.

2. This is a very general question. I think one of the most important experiences for an artist is desolution. One
who can not afford to handle solitude, absolute soludity, for me cannot create great works. Death... courage...
Having the courage to risk everything.. These are must have experiences to be an artist.

3. Prejudices, taboos, hypocracy, ignorance, lack of love.

4. My works are all based on this theme. I both as an artist and so named '2nd gender' which is also 'the other':
woman, my works are always built on this theme. Gynecology table, Bordello, Matrimonio con tre, Adultery,
Transistanbul.. all these works are built on the theme of gender issues and the idea of 'the other'.

5.Art has a theraputic effect on me and I wanted to decode all my pain to the world. I had to express myself.
Unfortunately this is still what pushes me to keep going... my pains.

QUEENSIZE
FEMALE ARTISTS FROM THE OLBRICHT COLLECTION

Fragebogen:

* Welche Themen sind für Ihre Arbeit wichtig?

Ich beschäftige mich in meinen Fotocollagen mit immer wiederkehrenden menschlichen
Themen, wie Liebe, Gewalt und Tod. Diese versuche ich unter Einbeziehung real vorhandener
Bildmaterialien unterschiedlicher Medien, aus Vergangenheit und Gegenwart, zeitgenössisch zu
hinterfragen, um gleichzeitig auch das aktuelle Phänomen der Bilderflut und damit das Medium
Fotografie selbst zu untersuchen.

* Welche Erfahrungen haben sie als Künstlerin besonders geprägt?

Es ist eine Summe aus persönlichen, politischen und kulturellen Erfahrungen und das eigene
starke
    Interesse daran, gesamtgesellschaftliche Prozesse zu begreifen und zu reflektieren.
    Vergänglichkeit und Scheitern sind dabei sicher immer die am stärksten prägenden
Erfahrungen.

* Wenn Sie könnten, was würden sie in unserer Gesellschaft verändern?

Wir leben sicher immer noch in einer von Männern dominierten Gesellschaft, wo es Frauen
und
    besonders auch alleinerziehende Mütter mit Ihren Kindern oft viel schwerer haben, sich zu
    behaupten und sich gleichgestellt entwickeln zu können. In diesem Bereich gäbe es auf
    jeden Fall noch einiges zu leisten.
    Dennoch haben wir hier als Frauen in einer aufgeklärten Gesellschaftsform sehr viel
    mehr Freiheiten und Entwicklungschancen als in den meisten anderen Ländern dieser Welt.
    Daher sehe ich als wirklich größte Schwerpunkte für sofortige Veränderungen in unserer
    Wohlstandsgesellschaft die stark zunehmende Kinder- und Altersarmut, Ausgrenzung,
    Unterdrückung und Missbrauch überhaupt, und nicht zuletzt auch die ständig
voranschreitenden
    Umweltverschmutzungen.
    Ich bin überzeugt, dass in einem so reichem Land wie Deutschland, indem so viele Gelder
sinnlos
    vergeudet werden und zweckentfremdet versickern, derartige Missstände nicht nötig wären.

* Welche Relevanz haben die Themen, gender/weibliche Identität für Ihre Arbeit?

Da ich eine weibliche Identität habe, mich aber dadurch trotzdem nicht in ein
gesellschaftliches oder
    gar traditionelles Schema pressen lasse, fließt dieses Thema bewusst und unbewusst immer
wieder
    mit in meine Arbeit ein.
    Oft muss man als Frau ganz andere und auch unverhoffte Hürden überwinden, um seine Arbeit
    verrichten zu können. Frauen und Männer sind unterschiedlich und darum gibt es auch,
    vollkommen wertungsfrei, weibliche und männliche Sichtweisen, welche sich im besten Fall
sehr
    positiv ergänzen, aber niemals gegenseitig ausschließen.

* Was nervt Sie am Künstlerin-Sein, was macht Sie enthusiastisch und stark?

Mich nerven vor allem jegliche Formen von Machtausübung gepaart mit Dummheit,
Oberflächlichkeit
    und Ignoranz. Das meine ich geschlechterunabhängig. Weiterhin nerven mich auch die
unzähligen
    „Kunstblasen", ohne jeglichen Inhalt und das sich fast alles nur noch um Geld und Macht
dreht.
    Enthusiastisch und stark machen mich intelligenter Humor, Akzeptanz, Solidarität, Toleranz
und
    tiefe, reflektierte Kunstwerke, welche unabhängig von allen Unbilden entstehen und mich
berühren.

    Anett Stuth

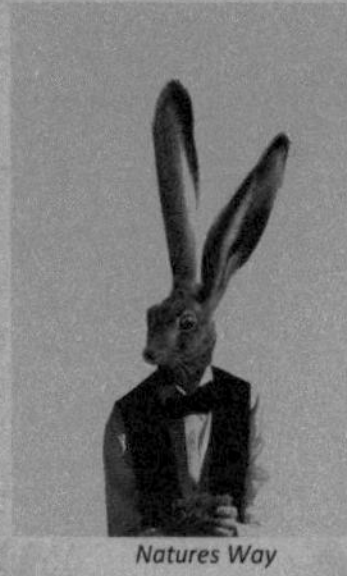

Natures Way

ABIGAIL LANE

Which themes and topics are important to you in your work? How do you develop new ideas?

The sometimes-confused line between reality and illusion interests me. Broadly speaking this is perhaps the thread that runs through a lot of what I do.
I try to develop ideas with a sense of humor. I like stories and ideas that come full circle or turn in on themself somehow. I sometimes make fleeting moments of a narrative.
In my mind, works often operate in interchangeable groups – something starts to build that way and ideas find their own momentum.

Which experiences are essential for you as an artist?

If you are creative it should be possible to take something from any experience – to consolidate or distill it in some way. Waking to find the lawn full of molehills can start something just as a journey to the moon would. Zoning in is the important bit.

If you could change something in society, what would it be?

I would integrate different social groups more. We have a lot to learn from each other. Old people are segregated (often in circumstances alien to their former lives) and consulted no more – no one should be considered useless. Put the toddler groups in with the dementia sufferers – it makes perfect sense. As part of the school curriculum, educate teenagers by their helping in refugee camps . Society needs to be more imaginative and brave in this way. Like art – unlikely combinations can make the perfect alchemy.
.

How relevant is gender to your work?

You can only work from the perspective of who and what you are. My gender is one element of the perspective I bring to bear.
Presented anonymously, I don't imagine anyone would think a man made my work. It would be interesting to test (though to what aim I am not sure).

What is unnerving about being an artist, what enthuses you to continue to develop your practice?

The art world is unnerving – you are either in or out. Being judged is unnerving.

I am uncomfortable with life unless a proportion of ideas become reality. I need to react to what I find and what comes my way - and I like a proposition to find an answer to. It may be an ego thing. It may be OCD - I don't know - but I will always love to create environments, situations and objects that didn't exist before.
I want transformation. I want magic – how else would one be?

QUEENSIZE

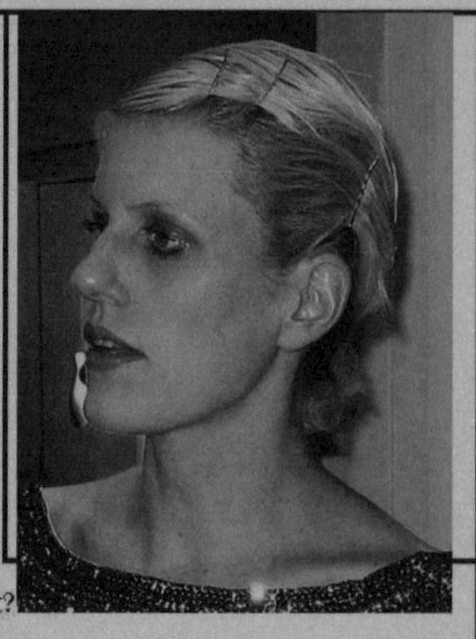

1. Which themes and topics are important to you in your work? How do you develop new ideas?

```
Animal Instinct
```

2. Which experience(s) are/were essential for you as an artist?

```
the Isenheim Altarpiece at Kolmar;
reading Beckett; understanding violence;
eating very good Sachertorte
```

3. If you could change something in society, what would it be?

```
I would have Society buy me a Ferrari
Testarosa, A giant ice canyon in
Antartica and my own Iron Foundry
```

4. How relevant is gender to your work?

```
Queens and Kings have the same job:
TO RULE
```

5. What is unnerving about being an artist,
what enthuses you to continue to develop your practice ?

```
Everything
```

BETTINA RHEIMS

1 - Which thèmes and topics are important to you in your work, How do you develop new ideas?

Women are my main theme. I like to be surpised by the duality of women, their fragility, their strenght, their power, their weakness.
It usually all starts from an encontre.

2 - Which expérience(s) are/were essential for you as an artist?

I believe all experiences are essential for artists. For me, it was discovering that I could see the world as I pleased hidden behind my lens (I started when I was only 14 years old). And then, realizing that I could do it my work stroke me when I discovered Diane Arbus exhibition in Germany as I was 20 years old.

3 - If you could change something in society, what would it be ?

I would try to end the raising and expansion of communitarianism in our countries, removing religious signs from the streets and going back to living together in a lay republic.

4 - How relevant is gender to your work?

I've always been fascinated by the question of gender/ transgender / androgyny. It has been a constant search in my life as an artist trying to understand and helping them find pride in their self image.

5 - What is unnerving about being an artist, what enthuses you to continue your practice?

I have a wonderful life. A life of freedom working surrounded by people I love and picking up my camera whenever something strikes me as important in our society.

Ellen Altfest

1. Which themes and topics are important to you in

your work? How do you develop new ideas?

I'm mainly interested in making a good painting. The ideas behind it are
largely intuitive. When I'm starting a new body of work, I look to create
a fertile environment. I bring in things that I think will inspire me,
like plants and art books and textiles. I give myself permission to try
anything. I make compositional sketches and then set them up with the
model, and draw them.

* Which experience(s) are/were essential for you as an artist?

Going to the museum is essential to my practice. I go there to clear my
mind, to sketch, and to have ideas.

I have had many important experiences on artist residencies. They are a
way to find sources of inspiration. I believe in the notion of retreat and
return: going away and coming back with a new perspective.

* If you could change something in society, what would it be?

I would introduce mindfulness and compassion practices into elementary and
high school curricula.

* How relevant is gender to your work?

My paintings of men offer a female perspective of the male nude, so my
gender as a female artist is important.

5. What is unnerving about being an artist,

what enthuses you to continue to develop your practice ?

Being an artist is a lot of work, often to the exclusion of other things.
I continue because I know that painting is what I'm meant to do. And I
love it.

QUEENSIZE

FEMALE ARTISTS FROM THE OLBRICHT COLLECTION

1. Which themes and topics are important to you in your work? How do you develop new ideas?

THE ACQUISITION & EXCHANGE OF KNOWLEDGE & THE CONSTRUCTION OF METHODS FOR DOING SO. CURIOSITY ABOUT THE NATURAL WORLD.

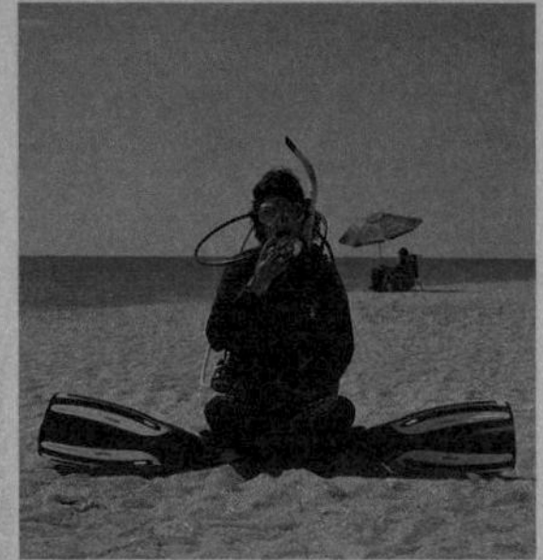

Thank you for Photo / Sketch:

Name: HOPE GINSBURG

2. Which experience(s) are/were essential for you as an artist?

TO BORROW A BOOK TITLE FROM JUDITH LEWIS BERMAN, "TRAUMA & RECOVERY". AND, DISCOVERY.

3. If you could change something in society, what would it be?

I WISH FOR PEOPLE TO WISH MORE FOR PEOPLE.

4. How relevant is gender to your work?

MY GENDER IS INEXTRICABLE FROM MY WORK. MY PROJECTS ARE UNDERPINNED BY THE QUESTION, "WHAT WOMAN AM I?"

5. What is unnerving about being an artist, what enthuses you to continue to develop your practice?

IMAGINING EXPERIMENTAL SITUATIONS FOR EXCHANGE -- AND MAKING THEM REAL -- IS WHERE THE RUBBER MEETS THE ROAD FOR ME.

QUEENSIZE

FEMALE ARTISTS FROM THE OLBRICHT COLLECTION

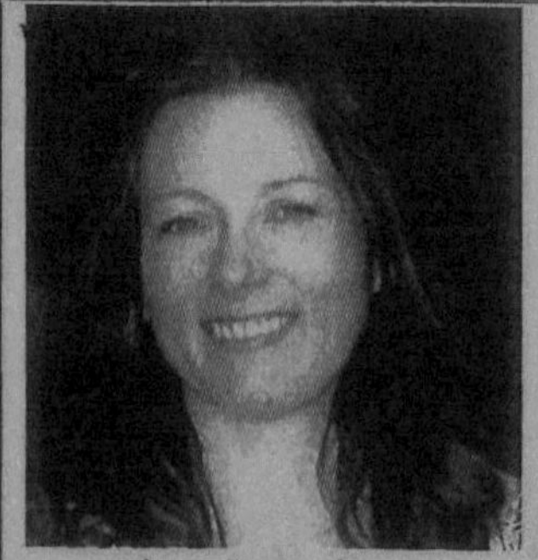

1. Welche Themen sind für Ihre Arbeit wichtig?

Körper und Räume.
Die Oberflächen und
die dahinter liegenden
Sehnsüchte.

Name: Katharina Bosse

2. Welche Erfahrungen haben Sie als Künstlerin besonders geprägt?

Mein Leben in New York.

3. Wenn Sie könnten, was würden Sie in unserer Gesellschaft verändern?

- Leichtere Einwanderung nach Europa.
- Bessere Gesetzgebung zur Kontrolle von
  Big Data
- ein allgemein positives + realistisches Mutterbild

4. Welche Relevanz haben die Themen, gender/weibliche Identität für Ihre Arbeit?

Besonders sichtbar bei "New Burlesque"
und
"A Portrait of the Artist as a Young Mother"

5. Was nervt Sie am Künstlerin-Sein, was macht Sie enthusiastisch und stark?

Mich stört die Abwertung von Künstlerinnen,
sobald sie Kinder bekommen.
Stark macht mich meine Liebe + Hingabe
an die Bilder + Kinder.

QUEENSIZE

FEMALE ARTISTS FROM THE OLBRICHT COLLECTION

Thank you for Photo / Sketch:

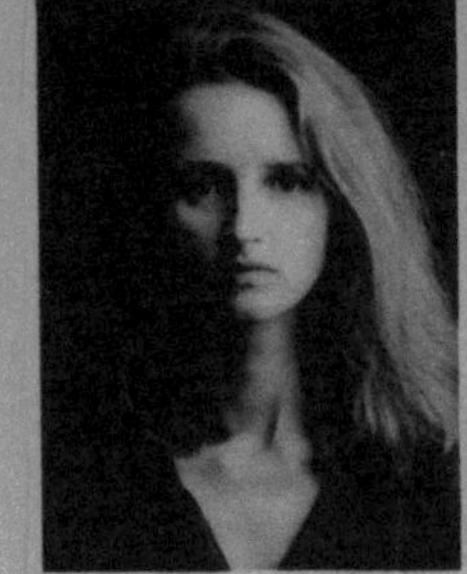

Name: JITKA

1. Which themes and topics are important to you in your work? How do you develop new ideas?

1. Nature + kulture
I develope my Ideas mostly
biographicly, by intuition

2. Which experience(s) are/were essential for you as an artist?

The escape from my home country, loosing my
language, history and family but getting
new life, views visions and experiences,
getting free, developing new based on
experienced, memory.

3. If you could change something in society, what would it be? The Imbalance.

The BALANCE
between nature and culture
which does not work anymore.

4. How relevant is gender to your work?

looking for equalities in view and
handling of those two different
genders, less fight, more communication
and vision of/for real values,
coexistence, ideas.

5. What is unnerving about being an artist, Bureaucracy → the oposit of Freedom.
what enthuses you to continue to develop your practice?

The possibility to develop new ideas+
+works = to participate on the world→
Future of this Planet, hoping to create
values for.

JITKA HANZLOVA

QUEENSIZE
FEMALE ARTISTS FROM THE OLBRICHT COLLECTION

---

1. Which themes and topics are important to you in your work? How do you develop new ideas?

My work has consisted primarily of allegorical paintings of mutant plants and animals in landscape settings or posed as though for classical still life or portraiture. My current interests include examining human impulses, desires, and needs, including greed, identity, pleasure, desire, totem, violence, grief, and love. These aspects of human experience and identity, resultant of the interplay of evolutionary biology and culture, find expression in the history of visual culture as well as in the nearly schizoid array of cultural material and commodity in contemporary consumer capital. I develop new ideas by researching images, histories, critical theories and philosophies related to ideas for paintings that occur to me in response to my daily life.

---

2. Which experiences are/were essential to you as an artist?

Childhood experiences in nature and in natural history museums; my education in cultural anthropology, feminism, and critical theories of art and culture, my current reading of science, culture and politics, my personal experiences as a woman thinker, teacher, artist and mother, my relationship with my own body in and as a part of nature, bicycling and weight lifting, and enjoying my visual and sensory experiences of all kinds.

---

3. If you could change something about society, what would it be?

I wish human beings were not (apparently) evolved to insist so strongly on categories, like gender and race. I'd change the tendency of Western culture to embrace binaries, and allow for thinking that tended to see categories as representing interrelated spectrums of conditions, rather than discreet, binary oppositions, such as masculine and feminine, nature and culture, rational and emotional, mind and body, etc. This might change much about society!

---

4. How relevant is gender to your work?

Extremely relevant. My work investigates the relationship of systems of representation (especially visual languages) to bodily experience, which for me includes mental, intellectual, and emotional life. This concern is about undermining cultural structures and systems of signification that are oppressive for women, femaleness, and femininity, as well as for "racialized" people and those who experience gender and sexuality in different or queer ways.

---

5. What is unnerving about being an artist, what enthuses you to continue to develop your practice?

What is unnerving is that I see an art world and an art academy that claims to be sophisticated but increasingly embraces and celebrates safe, often trivial or even unintelligent art works and lends them support in important institutions. What enthuses me is that this tendency is not universal, and there are artists, theorists, collectors, and institutions that resist this trend. I am also enthused by my students, who are skeptical of existing power structures and long for true critical engagement. I am further enthused by the pleasure I take in my own artistic practices.

Kirsten Stoltmann
Thank you for Photo / Sketch:
QUEENSIZE
FEMALE ARTISTS FROM THE OLBRICHT COLLECTION
1. Which themes and topics are important to you in your work? How do you develop new ideas?
The trials and tribulations of being human, trying to figure it all out but never quite getting it
right. Life makes for good comedy and I love comedy. Humor is the most important aspect of
my work even when it might just look sad. My ideas come from daily life and interactions with
people in my community and being a mom, which can be horrifying, seriously terrifying, but
always funny.
2. Which experience(s) are/were essential for you as an artist?
Whatever is happening in my life at the time will make it into a work of art. Currently, I am
working on a video about a tap dancing single mom who makes it rich on her concoction of
Kombucha and beer, so there you go.

3. If you could change something in society, what would it be?
That policemen would actually be indicted for murder when killing unarmed black men. It
would be wonderful to have a justice system that actually worked and was unbiased by race. I
would like to see people who have done terrible things to individuals and whole communities be
held accountable. I would also like to hear more apologies.
4. How relevant is gender to your work?
Very Important, everything I do stems from being a woman. I work from direct experience so it
would be hard to ignore that. I am very aware of the nuances and inequalities of being a woman,
especially within the art world.
5. What is unnerving about being an artist,
what enthuses you to continue to develop your practice ?
The business of the art world is unnerving, everyday human experience can be hilarious and
enlightening, though, and exaggerating them is what makes me continue to pursue my practice.

QUEENSIZE

FEMALE ARTISTS FROM THE OLBRICHT COLLECTION

1. Which themes and topics are important to you in your work? How do you develop new ideas?

My job is to shine a light
on the times I live in.

2. Which experience(s) are/were essential for you as an artist?

Having a drug addict for a mother.

3. If you could change something in society, what would it be?

Too many to list.

4.How relevant is gender to your work?

Very.

5. What is unnerving about being an artist, what enthuses you to continue to develop your practice ?

What's unnerving is not being able to communicate
my vision.
I'm enthusiastic about the act of making.

Makiko Kudo

1)
To be aware of trivial matters around me. The difficulty of communication.
I mix, spread and organize these things like making a collage.

2)
Days I spent in Aomori (Japan) until I was 14 years old, snow, apples, cats and
the fact that I wasn't physically so strong.

I thought everything had changed after the earthquake of 2011.

3)
I hope that no animals are treated bluntly or killed.

4)
Because I am female, I reflect it and the female portraits often appear in my
paintings.   But that 's it.

5)
Maybe someone is hurt, or something is sacrificed.

There must be so many things that I never notice or things that I do not know yet.
 The images I wish to paint come to my head.
I think I can go forward if I gained the techniques necessary to express them.

Thank you for Photo / Sketch:

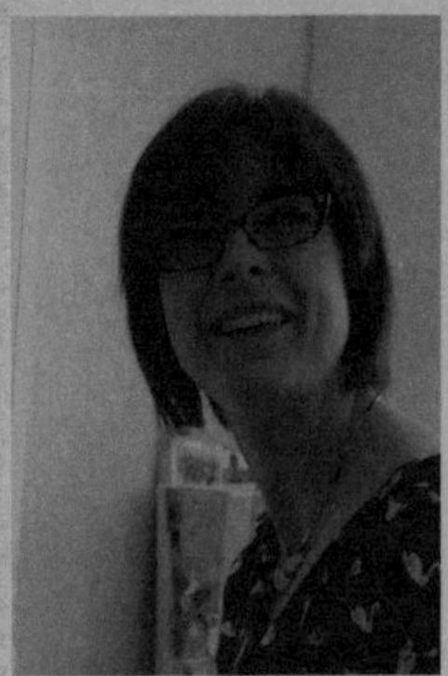

Name: Rebecca Stevenson

1. Which themes and topics are important to you in your work? How do you develop new ideas?

My work is characterised by a process of cutting into a sculpted body or object, an act that is both destructive and creative: it wounds as it beautifies. Historically, sculpture has often been a form used to express dominance, power or heroism. In my pieces, conventional forms such as the portrait bust are destabilised, opened, rendered fluid and subject to outbursts of growth or decoration - indeed, you might say, they are feminised. This is reflected in my choice of wax as a medium, a material whose 'soft' and visceral qualities contrast directly with the 'noble' materials such as bronze and marble, and their 'masculine' qualities of permanence and hardness.

Developing ideas is a process which happens very naturally for me. Some ideas will come from something I have seen in a gallery or museum – natural history, baroque sculpture, still life painting and anatomy are all longstanding sources for my work. But there is also a lot which happens in the studio, ideas which come directly from process and materials, from the hand, if you like, or from something which just happens.

2. Which experience(s) are/were essential for you as an artist?

As a postgraduate student I became fascinated by human anatomy and spent many hours drawing in medical museums and dissecting rooms. Up until this point, my work had related largely to my own body, a body I found deeply problematic. I experienced the world via this body, in this body, because or in spite of it; my thinking and my work were steeped in feminist theory but I could not move beyond making representations of the very state of self-as-body that I wanted to surpass.

Making complex anatomical studies required that I sit with my subject matter for long concentrated periods of time. I drew mainly from male cadavers, simply because there were more available, and I was aware that this resembled a morbid inversion of the classic image of The Artist And His Model. This experience of gazing, more than what I actually saw or the drawings I made, was vital to my dqevelopment as an artist. I found the body's internal landscapes and cavities beautiful and abject. To look upon things normally unseen, except by the medical profession, was a privilege; to try to' draw death', to see 'the worst that could be', ultimately allowed me to understand something different about the condition of being flesh. I began at this point to use processes such as cutting, dissection, unravelling and delaminating in my sculpture. All my work, even at its most decorative and kitsch, hinges back to this moment.

3. If you could change something in society, what would it be?

When I was young, I was frequently angry about the Men in Grey Suits. They were always on TV and they appeared to hold all the power in society, yet their world view was, to my way of thinking, profoundly entrenched and ultimately conservative. It seems to me now, years later, that change on this front has been painfully slow – power remains in the hands of a small group of people who come predominantly from one race, gender, age group and social class. Until we see a much more diverse range of people in positions of power, until these power structures themselves are forced to start to transform, we cannot hope for solutions to the huge problems society and the planet face. In these times, if we are to find solutions for issues such as climate change, we need creative thinking. We need to engender imagination in our children and ourselves, we need to champion research in both the sciences and arts if we are to have any hope of success. Old patterns of thought and behaviour, old value systems and power structures, will not serve us. Until there is a possibility for colours other than grey in the world's boardrooms and parliaments I cannot see how this can happen.

4. How relevant is gender to your work?

It is part of it, for sure, and I suppose some people might look at my work and read it as very 'feminine' – but that in a way is to miss the point. There is a strong sense of the absurd inherent in a lot of what I do and in certain pieces I'm intentionally exploring or exploiting a visual language associated with femininity (the use of flowers, pastel colours, sentimental subject matter, for example). Sometimes I think about processes that I enact upon my sculptures as being like an extreme feminisation or 'prettification'. You could read this as a metaphor for what women do/are required to do to their faces and bodies, to alter, improve, decorate and so on. But for me this is just one reading and it is not the deepest or most important one.

5. What is unnerving about being an artist, what enthuses you to continue to develop your practice ?

Your existence as an artist can be very precarious. Financially and in terms of how your career develops you can find yourself moving rapidly between success and disaster and back again. You need to be strong to ride out these highs and lows. You rely completely on yourself, all the ideas come from you, all the decisions are made by you, plus you need to keep your sense of creative freedom whilst acting as your own critic and quality controller. For this you have to cultivate a mature and professional relationship with your own ego.

In the popular imagination there exists a wealth of romantic rubbish about artists, about the relationship between suffering and genius for example, or about art as a vocation or calling. I don't really buy into any of that, I don't find it helpful and I don't see myself as a visionary or tortured genius. I'm working, I'm doing work - in the same way that people everywhere get up and go to work, I get up and go to the studio. But I do have a drive that gets me there even when I am tired or sick or my work isn't going well... this creative drive is something I value deeply, as it has given me not only a career but also a practice through which to navigate and define my identity and my life.

Nathalie Djurberg & Hans Berg

1. Right now its music and what music is, time and political
constellations.

2. Any experience, I think for us it's the fact that we are
experiencing, and the pondering of how we are doing that and in what
concept.
But for both of us it would right now be listening to music.

3. It would be more interesting to ask what does not need change,
what is perfect as it is? We will keep exploring that one.

4. Before it was quite relevant, I also think that the work was perceived
in a certain way because of my (Nathalie's) gender, and Hans and I would
discuss a lot, both gender issues and how it affected the work, or the
other
way around. However, I find gender less and less important and sometimes
less
interesting. But that does not take away the importance of gender equality
that
is always crucial, but not specified to art.

5. It is better to answer where it is not, and that is in the making,
in the studio; there art is free and if the process would be unnerving that
would then be what is interesting.

Art for us is a way to explore, not being satisfied with answers you
get elsewhere.

QUEENSIZE

FEMALE ARTISTS FROM THE OLBRICHT COLLECTION

1. Which themes and topics are important to you in your work? How do you develop new ideas?
Ordinary people, labor, agency are important to my work. I develop new ideas through lots of research in the field, talking to people or working with students.

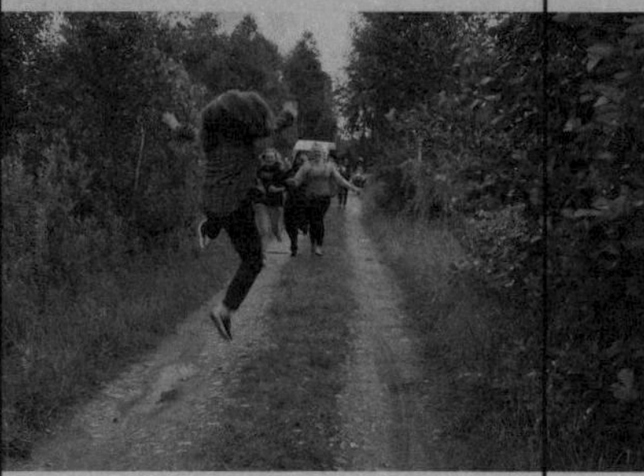

Thank you for Photo / Sketch:

Name:

2. Which experience(s) are/were essential for you as an artist?
My education, which instilled in me the value of being part of an artistic community. Traveling to Japan to make my film 'Goshogaoka' marked the beginning of my focus on community, cultures and ethnography, and heightened the collaborative nature of my practice. These experiences set the stage for subsequent projects like my current work in Poland, where I have created a film in collaboration with young women in a girls' home, focused on philosophical exercises designed to empower their own agency.

3. If you could change something in society, what would it be?
The rich weren't rich and the poor weren't poor.

4.How relevant is gender to your work?
Very.

5. What is unnerving about being an artist, what enthuses you to continue to develop your practice ?
Global corporatism is unnerving. People inspire me.

Tina Barney   10/20/14
44 Gramercy Park North
New York,10010, NY.

- I have always been most interested in the subject of tradition and ritual and the fact that people, specifically families, continue to repeat the same exact traditions year after year, decade after decade, and century after century. Holidays, birthday parties, family get togethers, weddings,or just going to the beach or maybe participating in sports, always tempt me as far as perfect situations to photograph.

2. I was surrounded by art my entire life because my family collected art. Also my maternal grandfather was an amateur photographer and I never saw him without a camera around his neck. He had his own darkroom in the basement of his house and he had many various kinds of cameras such as stereo cameras and view cameras, and he photographed us probably every day of my childhood.

3.   The terrible fear of the invasion of privacy that has occurred because of the internet has completely changed my ability to photograph people with the freedom I had before its invention. I wish we could go back to the naivety we once had while our pictures were being taken. There is an egotism that we have now, because we know we are constantly under surveillance and that has changed everything photographic.

4. I have never thought about being a woman when I photograph. Even though I am drawn to feminine colors and interiors and fashion, I don't feel as if this is because I am a woman.

5. It takes an enormous amount of courage and energy to make art. There is a fine line between egotism and self confidence and believing in yourself and the fact that you're actually an artist. What is the most difficult part of all is to be able to continually create new and refreshing work year after year. It is quite a decadent profession if you think about it and you have to be deeply committed to devote your life to this profession. I look at other artists work continually and quite often I see art that inspires me and that always re energizes me and gives me the urge and excitement to continue with my own ideas.

Über uns

Die Olbricht Collection umfasst Arbeiten vom Beginn des 16. Jahrhunderts bis zur jüngsten Gegenwartskunst und hat seit Mai 2010 ihr festes Domizil im me Collectors Room Berlin. Dort zeigt die Stiftung Olbricht die fest installierte Wunderkammer mit über 300 Exponaten aus Barock und Renaissancezeit und ermöglicht regelmäßig wechselnde Ausstellungen zeitgenössischer Kunst. Hierbei entwickeln verschiedene Kuratoren ihren ganz eigenen Blick auf die Sammlung und tragen zu einem vielfältigen Programm der Stiftung bei: von *Gerhard Richter – Editionen 1965–2011* über *WONDERFUL – Humboldt, Krokodil und Polke,* in deren Rahmen die Wunderkammer erweitert und Gegenwartskunst mit dem Themenschwerpunkt „Wunderkammer" gezeigt wurde, bis hin zur *Retrospektive Cindy Sherman* im Herbst 2015.

Ziel der Stiftung ist es, zeitgenössische Kunst, KünstlerInnen und KuratorInnen zu fördern und das öffentliche Interesse an Kunst zu wecken. Neben einem umfangreichen Rahmenprogramm mit Veranstaltungen, die sich mit den Thematiken der Ausstellung beschäftigen, stellt das Vermittlungsprogramm für Kinder und Jugendliche einen wichtigen Schwerpunkt der Stiftungsarbeit dar. In unterschiedlichen Führungen und Workshops für Kindergarten- und Schulkinder wird auf spielerische Art Wissen und Begeisterung für Kunst vermittelt.

Seit 2012 stellt die Kooperation mit dem Master-Programm „Curating the Contemporary" der London Metropolitan University und der Whitechapel Gallery, London ein wichtiges Engagement dar. Die Stiftung Olbricht lädt regelmäßig JungkuratorInnen ein, ihren eigenen Blick auf die Olbricht Collection zu entwickeln und im Rahmen ihrer Abschlussarbeit eine Ausstellung im me Collectors Room zu kuratieren.

Claudia Olbricht, Vorsitzende der Stiftung Olbricht,
und Julia Rust, Direktorin

About us

The Olbricht Collection features works ranging in date from the early 16th century to the present day. The collection has had its permanent home at me Collectors Room in Berlin since May 2010. At the gallery, the Olbricht Foundation presents the historical Wunderkammer or 'cabinet of curiosities' (on permanent view), containing over 300 exhibits from the Baroque and Renaissance periods alongside regularly rotating exhibitions of contemporary art. For each new show, different guest curators are invited to share their personal perspectives on the collection and contribute to the wide range of activities organized by the Olbricht Foundation. The results are diverse, from past shows such as *Gerhard Richter: Editions, 1965–2011* and *WONDERFUL: Humboldt, Crocodiles and Polke* (which broadened the concept of the Wunderkammer to include contemporary art), to the forthcoming *Cindy Sherman retrospective* in autumn 2015.

In all of this, the Olbricht Foundation's central mission is to promote contemporary art, artists, and curators and to generate public interest in art. In addition to a comprehensive programme of events that revolve around the themes of each exhibition, much of the foundation's work is dedicated to an art education and outreach programme geared towards children and young people. Our special tours and workshops transfer knowledge and kindle an appreciation for art in the minds of kindergarten and school pupils.

One of the foundation's further achievements is its involvement, since 2012, in the Master's degree programme 'Curating the Contemporary', organized by London Metropolitan University and the Whitechapel Gallery. Each year, the Olbricht Foundation invites curators on the threshold of their careers to develop their own views on the Olbricht Collection, by curating an exhibition at me Collectors Room as part of their thesis work.

Claudia Olbricht, Chair of the Olbricht Foundation,
and Julia Rust, Director

Impressum/Imprint:

Queensize – Female Artists from the Olbricht Collection
me Collectors Room Berlin, 07. 12. 2014 – 30. 08. 2015
Museum Arnhem, 13. 02. 2016 – 22. 05. 2016

Diese Publikation erscheint anlässlich der gleichnamigen
Ausstellung. / This catalogue was published in conjunction with the
exhibition of the same title.

me Collectors Room Berlin
Stiftung Olbricht/Olbricht Foundation
Auguststraße 68, D- 10117 Berlin
Fon +49 30 86 00 85-10
Fax +49 30 86 00 85-120
info@me-berlin.com
www.me-berlin.com

Herausgeber/Editor: me Collectors Room Berlin/Stiftung Olbricht
Autoren/Authors: Nicola Graef, Claudia Olbricht,
Thomas Olbricht, Julia Rust
Redaktion/Editorial staff: Julia Rust, Karen Speier
Gestaltung/Design: Hermann Hülsenberg Studio, Niklas Sagebiel
Lektorat/Copy-Editing: Andrea Mayer - Textveredelung
Übersetzung/Translation: Lance Anderson,
Nikolaus G. Schneider (Interview)

Lithographie/Lithography: bildpunkt, Berlin
Druck/Print: Medialis Offsetdruck GmbH

© VG Bild-Kunst, Bonn 2015
© 2015 me Collectors Room/Stiftung Olbricht,
Künstler und Autoren/Artists and Authors
© 2015 for the reproduced works the artist(s)
© 2015 argobooks and the authors

Verlag und Vertrieb/Published and distributed by ✳ argobooks
Choriner Straße 57, 10435 Berlin
Fon +49 30 417 25 631
www.argobooks.de

ISBN 978-3-00-048869-6
Printed in Germany

me Collectors Room Berlin
Stiftung Olbricht / Olbricht Foundation
Vorstand/Board: Claudia Olbricht & Thomas Olbricht
Direktorin/Director: Julia Rust
Sammlungsverwaltung/Manager, curatorial affairs:
Sarah Sonderkamp
Ausstellungsmanagement/Management of the exhibition: Julia Zehl
Presse/Press: Tina Volk
Marketing: Karen Speier
Kinderprogramm/Children's programme: Charlotte Esser
Praktikantin/Intern: Noelle von Galen
Aufbauteam/Installation team: Guillaume Alimoussa, Lucio Auri,
George Barber, Björn Geipel, Nick Laessing, Marco Meiran,
Maria Unverricht
Führungen/Guided tours: art:berlin
Besucherbetreuung/Visitors service: Geeske Bijker,
Irena Osadtsaja, Fiene Scharp, Therese Strasser
Café: Joseph Cassar, Alexandra Gojowy, Corinna Krauzick,
Viviana Krefeld, Jennyfer Paul, Katja Schilke

Kuratoren der Ausstellung/Curators of the exhibition:
Nicola Graef und Wolfgang Schoppmann

Nicola Graef thanks:
Hans Georg Helwig, Herwig Graef, Kira Pohl, George Barber,
Marco Meiran, Björn Geipel, Lucio Auri, Maria Unverricht,
Guillaume Alimoussa, Nick Laessing

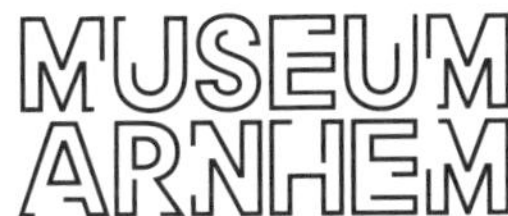

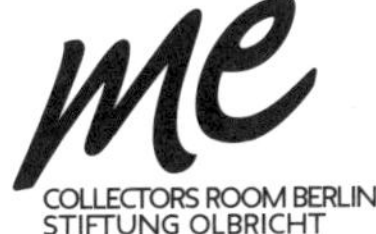

Zitat von/
Quote by

Marilyn Minter

S./p. 148

My job is
on the ti